豐盛

Deepak Chopra, M.D.
狄帕克・喬布拉
——著——
莊安祺／譯

打通邁向財富的內在路徑

ABUNDANCE

The Inner Path to Wealth

緒論——

豐盛與內在路徑

談論如何賺錢的書很多，但我相信本書獨一無二，因為它揭示的是通往豐盛的內在路徑。我希望讀者了解：豐盛是一種覺知狀態。意識是無限的；因此它可以提供無限的能力。這是位於印度瑜伽體系核心的古老真理。瑜伽的真理絕非只是瑜伽課教授的運動（那並非本書內容），而是適用於生活中的每一種滿足，包括物質成就或財富。**Yoga** 是個宏偉的字，它背後的含義是個更宏偉的願景。在梵文中，**Yoga** 這個字的意思是加入或聯合。英文單字 **yoke**（軛，結合、聯合之意）就源自於此，只是 **yoke** 讓人聯想到中世紀由同負一軛的牛一起拉車的印象，而 **Yoga** 則闡釋了一個全新的現實。在這個現實中，我們通常以為分離的事物其實都連結在一起。

人們認為最有區別的兩大事物，就是我們每一個人所處的兩個世界。一個世界在「外面那裡」，也就是事物和其他人的物質世界；另一個則是「裡面這裡」的世界，心智在其中不斷地活動，產生思想和感覺。瑜伽的目的就是把這兩個世界結合在一起。如果你能做到這一點，就會得到快樂和成功。

瑜伽起源於許多世紀以來一直指引印度人生活的古老吠陀文化，它當然不會因為精神的因素而把金錢排除在人生之外。吠陀以 **Artha** 為人生的第一大目標，而

Artha在梵文中的意思是「財富」。如果遵循瑜伽的原則，你就會過你注定要過的人生，永續、豐足而快樂的人生。而在一路上，維持這種人生的金錢就會來到。

這讓你了解瑜伽的願景為什麼如此偉大。在較深入的層面上，瑜伽是關於啟蒙。不過本書的目的是讓你獲得幸福和成功，瑜伽可以用比你想像中更簡單、更快速、更輕鬆地實現這個適切的目標。

放眼嚴酷的現實，尤其是在這動盪的時代，大多數人會對上述承諾中「金錢就會來到」的部分抱持懷疑態度。民意調查發現，一般人生活中最憂慮的就是金錢，它絕不可能自動供給，而需要勤勞工作和奮鬥打拚。為了生存，你必須要有金錢；為了成長茁壯，你需要更多的金錢。然而根據蓋洛普組織收集的資料，即使在最富有的西方經濟體中，也只有大約三分之一的受訪者表示他們過得成功富足。

擺脫金錢煩惱的關鍵並不是更努力地工作，日復一日地奮鬥，直到有朝一日你能夠安心地退休享福。以往人們以為只要等到六十五歲，退休納福的日子就會來到，然而如今這個日子已被推到越來越遲。許多人即使有非常好的財務前景，也打算要繼續工作到七老八十。更何況退休也不保證就能帶來安全感，更不用說幸福了。老年是在人生各方面的賭博，但主要是在於健康和金錢。如果你兩者兼得，就是真正了不起的成就，在大多數人連今天都還在苟延殘喘之際，擁有繁榮昌盛的明天。

「金錢就會來到」暗示著對整個金錢主題截然不同的做法。覺知的轉變是必要的，而且再沒有比這更大的轉變，因為裡外兩個世界合為一體。在這種情況發生時，人生就會沿著一條隱藏的路徑流動。你不受工作、財務、家庭、人際關係、職責和要求的外在路徑支配；而另一方面，你也不受內在信念、過去的制約、憂慮、一時的衝動、困惑、衝突和其他不和諧的心理因素支配。這兩個世界都只是現實的一半。如果把兩半分開，你就不可能完整，不是受你的外在環境支配，就是受你的內在衝突支配。

瑜伽的意義，就在於它把內外兩個世界結合起來之時加以協調。這只能發生在意識之中。你只能改變你的覺知。藉由更加醒覺，你可以找到隱藏的路徑，把你真正的身分與你注定要過的生活結合在一起。金錢會來到，因為你真正需要和渴望的事物並非取決於神聖的天意、良好的金錢業力、變幻莫測的人生，或反覆無常的命運。簡而言之，覺知的狀態會帶來幸福和成功，而這兩者都需要金錢。

我知道，瑜伽很少會依附金錢。在西方，人們只知道瑜伽的一個分支——哈達瑜伽（hatha yoga），也就是瑜伽課上所教的身體運動，目前的流行情況前所未見，這股趨勢方興未艾（我毫不害臊地承認，我自己也十分熱衷哈達瑜伽）。本書不會談到哈達瑜伽，但如果你練習或研究過它，就會知道哈達瑜伽教授的姿勢是要把集中的心靈與身體結合，這符合瑜伽的整體願景，把我們通常保持分離的兩件事物結合在一起。為了說明清楚起見，在提到較大的視野時，我用一般字體的瑜伽，而瑜伽課上教授的練習則用楷體字瑜伽。

人們常說，金錢買不到幸福，但貧窮會帶來痛苦，這話不假。但我認為把貧窮和精神性靈畫上等號卻是大錯。過簡樸的生活，讓自己擺脫世俗的需求，把大部分清醒的時間用來追求精神的滿足，自有其益處——無論東方還是西方，並沒有很多人真的選擇這樣的生活。可是貧窮並不能讓你在精神上富有，無論是出於高尚的道德而自願選擇貧窮，或是因無法逃脫而被迫貧窮。

人生真正的目的對每個人都是一樣的，那就是：與豐富的精神相連結，讓它提供你所需要的一切。需要和欲望一樣嗎？瑜伽會讓你所有的願望成真，為你帶來財富嗎？這些都是錯誤的問題。瑜伽帶來內心的喜悅，而這是衡量成功的唯一真正標準。當我們沉迷於幻想，希望藉由金錢獲得滿足時，就是在彌補我們所欠缺的喜樂。

本書的第一部談的是金錢和財富的問題，第二部則涵蓋了所有的豐盛富足。藉由瑜伽，我們在意識中獲得了我們最珍視的事物——愛、慈悲、美、真理、創造力和個人的成長。你的覺知越強，就越有能力獲取這些讓你豐盛的事物。第三部則談到瑜伽最深的層次，喜樂的意識由無限可能的領域中湧現。這部分的重點在於脈輪系統，即可以微調和完全喚醒覺知的七個層次。

如果瑜伽能在此時此地帶來喜樂，那麼你所需要的和你渴望的就能協調，因為你的整個存在都會和諧。有了這樣完整的願景和要實現的一切目標，就讓我們開始。

第三部

創造性智慧的天賦 …… 109

[第一部]

金錢瑜伽

瑜伽為我們提供了賺錢和處理金錢的最佳方式，賦予金錢真正的價值，並用它來獲得成功和幸福。我知道這個說法聽起來多麼教人驚訝。人們總認為印度的精神指的是放棄俗務，擺脫世界。一想到它，我們心中浮起的典型意象就是一位在喜馬拉雅高山上洞穴中冥想的白鬚隱士。但其實瑜伽並非宗教意義上的性靈，而是意識的科學。

當你知道意識實際的作為時，就會發現驚人的事發生了：你隨它而改變。學習其他任何事物，都不會產生這種戲劇性的效果。你可能很熱衷，甚至很欣喜地學習其他一切——歷史、地理、物理等等，但你的內心不會改變；你不會體驗到瑜伽帶來的個人轉變。

這與金錢有直接的聯繫，乍聽之下，這話似乎很奇怪。在靈魂的層面，精神的豐富表現出來就是：

- 無限的豐盛
- 無限的可能
- 無限的創意
- 慈悲、恩典和仁愛
- 永恆的愛

• 無限的施予

這些天賦與生俱來，人類的覺知是用來表現它們。如果你能在自己的生活中具體表現它們，那麼你就是名副其實的富裕。光是用金錢來衡量富足，在性靈上是空虛的。（我對雷鬼音樂一無所知，但雷鬼音樂大師鮑勃．馬利〔Bob Marley〕的這句話卻很像瑜伽修行者會說的：「有些人很窮，他們有的只是錢。」）

要獲得持久的財富，賦予你生命意義、價值和支持的財富，你就要把日常的生活建立在精神的豐富之上，你想要的一切就會自動發生。

一旦把意識和金錢連結起來，你就走上了正確的道路。金錢不全是諾克斯堡（Fort Knox，美國最大的黃金儲藏地，位於肯塔基州）的黃金，也不全是口袋和錢包裡的鈔票。金錢是意識的工具。因此，你的覺知狀態會決定你如何看待金錢，如何獲得金錢，以及為什麼目的而使用金錢。意識總是在移動，金錢也一樣。意識激勵我們從人生中尋求更多；金錢會跟隨這段旅程，而且如果你有足夠的金錢，就能減輕一路上的負擔。

如果你改變態度，不再以金錢為目標，而是以由人生中獲得更多為重，你就會得到意識的支持。在瑜伽裡，這種支持來自dharma（音譯達摩，「正法」之意），這個字源自於梵語動詞，意思是「堅定把持或支持」。如果你能遵循你的達摩，豐盛就會隨之而來。如果你脫離了你的達摩，就會感到匱乏。沒有意識的支持，就無法完成任何有價值的事。

金錢背後的觀念有強大的力量，金錢的想法一旦在人心裡生根（考古學家考據發現，第一種金錢是大約五千年前美索不達米亞的貨幣謝克爾〔shekel〕），就快速擴展。在現代生活的背後，這個觀念依然盛行。金錢被當成心智的發明，達到了人類社會必要的四種目標，為我們提供獎勵、價值、需要和交換。停下來想想為什麼你個人需要金錢，你就會發現下列這四種事物都有出現在你的人生之中。

- **獎勵**：塞在孩子生日賀卡裡的錢，發給每一個工人的工資，留給餐廳服務生的小費，都算是一種獎勵。
- **價值**：塞進生日卡裡的錢是純粹的施予，不需要受贈者努力賺取。但它傳達的訊息是：得到金錢的孩子受到重視。你賺取的薪水表達了你工作的價值，在許多人看來，這是衡量他們自尊的方式。
- **需求**：我們置身在服務經濟的社會，服務經濟的存在是為了滿足人們的需求，而不是提供物質必需品。在你需要醫師、大學教育、一組新輪胎和上千種其他物品時，金錢會為你帶來你所需要的，甚至看似多餘的需求，比如本季流行的運動鞋或更大尺寸的平板電視。

◆**交換**：金錢彌補了兩種價值不相當物品之間的差異。如果你有一輛登山自行車待售，而我卻只有一打雞蛋可以作為以物易物的商品，我們之間就必須透過金錢的交換，才能使交易公平。

所有這些觀念以及其他許多關於金錢的想法，都是意識的產物。這點很容易看得出來。但瑜伽在其中添加了一種原本欠缺的成分，而這個成分非常重要。瑜伽教導我們，你越接近覺知的源頭，你的意識就越有力量。把這種力量轉變為你想要的物品，以及為它們支付的金錢，你就把意識轉化為財富。

在這種好壞混雜的選擇中，我們無法把金錢區分開來，因為它與我們所需要、重視、獎勵和交換的一切有關，因此金錢實際上是意識的貨幣。你獲得並花費快樂，你體驗愛情、友誼、家庭、工作、機會、成功和挫折，而金錢總是混雜在其中。

就瑜伽而言，意識是有創造力的。它帶給心智思想、感受、靈感、突破、洞察力，靈光乍現的「啊哈！」時刻，以及我們珍視的一切，包括愛、慈悲、喜樂，和智慧。你越接近你內在意識的沉靜泉源，就能獲得越多的這些益處。在猶太—基督教（Judeo-Christian，指猶太教和基督教共有的道德和價值觀）的傳統中，這些益處被轉化為慈悲的上帝或神突然的恩典。但是瑜伽保有的是對自我的專注，而不是來自外在的神力。

藉由把注意力集中在自我上，我們不僅是較高等的靈長類動物，而且是無限純粹意識的表現。我們的存在是為了實現我們所渴望追求任何創造性的可能。瑜伽沒有價值判斷，它是意識的科學，而不是一套道德規則。所有的欲望在我們的意識中誕生的那一刻都是平等的，然而什麼樣的願望對我們有益，是我們個人的責任。

達摩與金錢

精神的豐富是無限的，因此再沒有比豐盛更自然的事了，匱乏、短缺和貧窮才是不自然。我知道這些都是既定觀點用詞（loaded words，指用帶有評價觀點的詞語描述客觀事實）。對於富人和窮人、有產者和無產者，人們總有各種各樣的想法。社會力量往往對窮人不利，我絕不是在指責或者作價值判斷。在所有的不平等和不公的背後，精神並沒有受到傷害，或甚至受到影響。在舉世任何地方任何人的生活中，都會有一條精神支持的達摩道路。它一直都是內在的路徑，但無論是東方還是西方，無論是貧是富，都很少有人明白如何使用他們與生俱來的精神權利。瑜伽是知識的寶庫，在任何人真正地過他們注定要過的生活之前，都得要由這座寶庫追求**由內心而來**的滿足和豐盛。

通往財富的關鍵是：在你的達摩中，堅持最適合你的道路。「最適合你」並沒有既定的定義，你可以選擇。其實，直到目前這一刻為止，你這一輩子都在做選擇。環顧四方，你發現自己所處的境遇是你的想法造成的，你的房子、工作、財產、薪水、銀行帳戶等等的實體外觀都是意識的結果。就其本身而言，物質並沒有內在價值。豪宅可能充滿不幸，小屋也可能滿溢歡欣。工作可能是個人成就感的泉源，也可能是件苦差事。你的薪水可以為你帶來你想要的生活，也可能只讓你勉強餬口。

如果你想由人生中得到更多，請建構一個達摩會支持的願景。等一下我會請你寫下你對成功、財富和成就感的個人願景，但在它發揮作用之前，你得先知道達摩支持哪些價值，不支持哪些價值。

達摩會支持你，如果……

你以快樂和滿足為目標。
你把自己貢獻給別人。
你讓別人的成功和你自己的成功一樣重要。
你的行為是出於愛。
你有理想，並根據它們生活。
你很平靜。
你啟發自己和你周圍的人。
你自立自強。
你聆聽並且學習。

你擴展你的選擇。

你承擔責任。

你對新體驗感到好奇。

你心胸開闊。

你接納自己，知道自己的價值。

因為遵循你的達摩是最自然的生活方式，所以上述這些項目也是自然而然，並且容易遵從。但是現代生活並沒有依據達摩來引導我們，而且往往恰恰相反。我們受到影響，奉行的是會產生壓力、分心、不快樂和持續刺激的生活方式。當你活在覺知的表層時，這些結果就會出現。沒有深根的需求和欲望在表面上不斷地發揮作用。它們的精神價值為零，意味著它們與達摩沒有任何關係。

瑜伽清楚闡釋了意識如何運作的現實，隨後，每一個人都可以選擇以我們想要的任何方式生活。你對自己的車子如何運作一無所知並沒有關係；它只是一件有用的機器，時時可以更換；但若你對達摩如何運作懂得太少，就會導致很多麻煩。在不知不覺中，我們全都會以下列的方式對抗精神的支持：

達摩無法幫助你，如果……

你努力只是為了爭第一。
你踩著別人往上爬。
你做了任何不誠實的事。
你把自己的困難歸咎於別人。
你急於發財。
你把物質上的成功置於幸福之上。
你忽略了周遭的人的需求。
你確信你永遠是對的。
你想要支配和控制他人。
你忽略了自己的壓力程度。
你沒有愛。
你缺乏同理心和關懷。
你取得的比你施予的多。
你心胸狹隘，固執己見。

避免上述這些事項對大多數人通常並不困難。然而微小的自私行為、對他人不經意的漠視、指責別人的傾向，以及取多於予的習慣，都會無形地溜進你的日常生活中。達摩不是要你成為聖人，而是要你保持覺知。當你覺知精神可以給你的一切時，奉行達摩就會提供喜樂的泉源。

最有價值的覺知是自我覺知，因為你的達摩不是由膚淺的欲望所引導，而是受你的真實自我指引——和你的精神源頭相連結的自我。多年來，我一直要求人們回答一系列問題來提高他們的自我覺知，這些問題是他們置身此地的核心目的，我稱之為「靈魂簡述」。在我們繼續之前，我邀請你建構你自己的「靈魂簡述」，然後我們再討論它所揭示的內容。

閱讀你的靈魂簡述

如何傾聽真實的本性

在奉行達摩時獲得財富，能讓你走上適合你的道路。這條路徑要由你來定義和塑造。該怎麼做？藉由諮詢你更深刻的意識，因為靈感和智慧就是由那裡而來。我們可以把這個更深的地方稱為你的靈魂或真實的本性。比起占據心靈表面的心理活動，來自這一層的訊息更能培養幸福和滿足的體驗。保持和靈魂的聯繫是你日復一日奉行你的達摩之法。

靈魂或真實自我之美，在於它沒有固定時間的時刻表。你可能全神貫注於人生的需求和欲望，但訊息依舊能由更深的層次傳來。每一個訊息都默默地提醒你生命中最有價值的事物。在人類存在中最珍貴的一切——愛、慈悲、創造力、智慧、內在成長、洞察力、美麗和真理，已經成為你的一部分，這點毫無例外。純粹意識的光是永恆的，值得慶幸的是，在某種程度上，我們所有的人都生活在那道光之中。

你需要做的是，把你認為的自己和真實的自己相配。你沒有奮力自我改進的必要，你的靈魂讓你的價值無法估量。目前，來自靈魂的訊息主要的顯示方式是在自我（ego）的層面。當你感受到愛、美、同理心、洞察力以及你的靈魂所賦予的其他一切衝動時，已經有一則訊息透過你的自我防禦洩露了出來。自我只不過是你本性（self）的仿製品，它假裝是真貨。

做問卷

了解了這些背景之後，以下的問卷將幫助你與真實的自己建立聯繫。

幾乎在每一個例子中，這都會與你夢想自己成為的人相同。

說明

找一個安靜的地方，做幾次深呼吸，集中注意力。等你感到平靜和專注之後，挖掘你真實的本性，回答以下問題。

建議：請盡可能簡短地回答你的問題，以免被冗長的描述淹沒。我通常推薦只用三個字回答——只要確定它們是三個有意義的字即可。

1. 你能描述一下你人生中的一次巔峰經歷嗎？一個「啊哈！」的頓悟時刻、一個轉捩點，或者一個「得心應手」的好例子？

回答：

2. 用三、四個字來說明你的人生目標是什麼？

回答：

3. 你對你的家庭最自豪的貢獻是什麼？

回答：

4. 你為一段關係貢獻的三個最重要的價值是什麼？

回答：

5. 你希望由一段關係中獲得三個最重要的價值是什麼？

回答：

6. 你心目中最偉大的三位英雄／女英雄是誰？

回答：

7. 你獨特的天賦、技能或才能是什麼？

回答：

8. 你如何幫助這個世界和你周遭的人？

回答：

9. 如果你擁有舉世所有的金錢和時間，你會做什麼？

回答：

10. 你最想完成但一直沒有做到最重要的事情是什麼？

回答：

反省你的回答

這些問題真正的目的和價值，是向你介紹你真實的本性。如果你已經過著滿足的生活，那麼你就會非常了解真實的自己，雖然還有一些更多的空間，讓你達到更高的境界，實現更多的理想，但你的答案不會反映出喪失的機會和褪色的夢想。

大多數人會發現，我們只是時斷時續地認識真正的自己。很多時候，無意識的行為填補了空隙，使我們能夠認同我們投射到世界上的自我形象，幸福和滿足比較像是轉瞬即逝的啟發，而非日常的現實。但在我們真實本性的層面上，我們與我們的達摩相連，它支持我們應該過的生活。儘管我們現在經歷高低起伏，我們的達摩依舊在那裡等著我們去接觸。

把你的答案保留下來，並且定期審視你的靈魂簡述，是很有價值的做法。除了你自己，沒有人可以為你做內心的檢視。以嚴肅、反思的方式回答這些問題，會讓你接觸到更深層次的現實，這會擴展你的自我覺知。你的真實本性知道你想與它建立長久的聯繫，如果你專注於你的靈魂簡述，這種聯繫只會加深。

金錢業力

達摩運轉，支持你致富和成功的意願，首先由內心開始，然後透過人生回饋給你的反思。瑜伽教導我們：我們所處的兩個世界，內在和外在，其實是一個現實的兩面。瑜伽有一句著名的經文或公理說：「如你本來，世界亦然。」外在的反映是你意願的結果。顯然，有些人的反思比其他人更好。如果你想有錢，但你的情況遠不如理想，那就是出了差錯。你想要的和你得到的不一致。

造成這種結果的罪魁禍首是業力，它存在於意願和結果之間的差距中。請停下來想想你到目前為止的成功和挫折。每一個人生都有這兩者，即使是最富有最迷人的人亦然（這就是為什麼我們如此熱切地追逐名人，一邊夢想著名人的理想生活，一邊又告訴自己，受歡迎的偶像也得面對和我們一樣糟糕的問題）。

業力是壞事發生在好人身上的原因。這句話在現代世俗社會聽起來是錯的。壞事之所以發生，有各種各樣的原因，包括隨機發生的意外，根本沒有任何道理。但是業力的理論涵蓋了好事和壞事，也是反其道而行之的動力，為不配得到財富和權力的人帶來這兩者，這使得業力的安排聽起來很不公平。理性的心智根本不會以這種方式看事情，這樣做總有指責無辜受害者或忽視有錢有勢者的罪惡的風險。

然而，業力之說並不是為人生是公平或不公平辯護。業力只是我們過去行為所留下來的結果——在梵語中，業力一詞的意思就是「行動」。一股神祕的氣氛籠罩著好壞業力的整個觀念，但在日常生活中，我們完全依賴業力，因為它就和因果一樣。如果因果之間的聯繫不存在，一切就都無法預測。如果冰塊突然著火，或者巧克力出乎意料地有魚的味道，那將是個離奇的世界。

人們一提起善業和惡業時，他們通常想到的是好運或噩運。有人突如其來地中了彩票，發了大財，或者在另一個極端，因為經濟崩潰而失去了他們擁有的一切。在更複雜的層次上，業力有更深的意味：你以為是偶然的運氣，其實是業力編織在複雜的因果關係中。一旦你導致某事發生，其影響就不可避免。就彷彿業力跟隨你，追蹤你所有的行動——不論好壞，讓你陷入你想要逃避的境地，有時甚至是你拚命想擺脫的境地。

這樣的事物是否存在，一種可以否決我們最善良的意圖，或者幾乎不費吹灰之力就能帶來突然回報的無形力量？這絕不是業力理論背後的目的，業力理論並不是意味著我們無法控制的宿命力量。行動當然在我們的控制之下，業力學說唯一添加的是不可預見的後果，這並不是陌生或奇特的概念。

如果你審視你曾經採取的每一個行動，連同每一個行動的後果，其總和就是你的個人業力。你真的可以做這種計算嗎？不，在日常生活中不能，因為有太多的行動與太多的後果糾纏在一起，無法細算。（在印度教中，還有前世所做行為的因素，但我們不談輪迴，這與我們的目的不相關——你在今生所做的行為已給你帶來足夠大的挑戰。）

只有把業力簡化為你可以改變的因素，業力才會在日常生活中變得實用。按你目前的情況，你的業力可以歸結為以下幾點：

- 習慣
- 自動反應和反射
- 無意識的行為
- 性格特徵
- 稟性，包括天賦和才能

如上所見，有許多我們可以稱之為「業力」的行為模式，不是因為它們天生有害，而是因為它們沒有明顯的原因。業力無法找出莫札特天才的原因，也不能解釋為什麼在學校苦苦掙扎的幼兒會注意力不足，或甚至為什麼有些人天生開朗，而另一些人總是悲觀沮喪。現代心理學也無法提供可靠的答案。與生俱來的性質，一如音樂天賦，並不是遺傳的——像李奧納德．伯恩斯坦（Leonard Bernstein）這樣的音樂天才甚至不是音樂世家出身，眾所周知，他的父親山姆原本要他去販售美髮產品，但他違抗了父命。

各式各樣的天才都曾出生在極其平凡的家庭中，嬰兒的行為亦然，一如每一位母親所體會的。因為母親與嬰兒之間關係親密，因此她能夠由寶寶出生的第一天起，就看出寶寶的個性和品格，並且隨著孩子的成長，會有更明顯的跡象，在日後開花結果。

如果業力無法對事物的發生提出解釋，它怎會有用？它主要的用途是讓你選擇無意識或有意識地生活。想想業力的第一個類別——習慣。人人都知道戒掉壞習慣多麼困難，而且有時整個社會都養成同一個壞習慣，比如當前的肥胖流行病。幾乎與飲食過度相關的一切——缺乏分量控制；吃零食；吃高脂肪、高糖分的速食；和久坐不動的生活方式，這些習慣都在不知不覺中形成。習慣的本性就是在我們不經意中養成，直到我們或其他人注意到它們，但到那時，這種習慣可能已經根深柢固。

研究一再顯示，有一小部分節食者（約二%）只減掉了五磅體重，並保持了兩年（其他九八%的人沒有減掉任何體重，或者雖然減了重，但後來又復胖）。這個可悲的統計數字證明了無意識行為的力量。雖然它並沒有涉及業力的奧祕，但這並沒有減少我們經由多年無意識習慣而自行產生的業力力量。

知道自己吃得過量，或者看到鏡子裡的自己看起來更胖，並不等於找到解決方案。你只是開始覺知到問題的層次。要克服業力，必須達到解決方案的層面，並且澄清問題。在暴飲暴食這個例子中，人們會嘗試各種未能改掉習慣的解決方案，這主要是因為業力的模式是不變的，而少吃的願望卻時有時無，則取決於個人在任何特定時刻的感受。

如果你更進一步檢視問題，就會明白繼續與自己作戰是沒有用的。這會導致搖擺不定、自責，而且在解決問題這方面進展甚微，或者根本沒有進展，不論你怎麼向自己發誓要善用你的健身房會員資格也是徒然。飲食過量一般是用一、兩種方法解決。這人有一天醒來，說「夠了」，然後突然發現暴飲暴食的誘惑消失了。另一種更為常見的可能是，把問題簡化為卡路里的多寡，決定嚴格計算一天當中吃的每一口食物，將卡路里記錄在筆記本中以防作弊或不知不覺的攝取過多的熱量。

以上用了一個常見習慣的例子來說明一件重要的事：只有在你找到更有意識的方法時，業力才會改變。與任何一種業力對抗，就等於與自己對抗。如果在你內心交戰的衝動能夠休戰，它們早就會這樣做了。你從你已經平衡的衝動中得知這一點。以任何嚴重的個人問題為例——恐懼症、憂慮、暴怒、嫉妒、自我懷疑、害羞、抑鬱、他人的虐待、冷酷的雙親——有些人會認為他們的人生受到這些問題的嚴重阻礙，而其他人則已經解決了這些問題，並且也已釋懷。

業力並不是無法阻止的。如果你為業力所困，總能透過自我覺知這個近在眼前的辦法擺脫困境。下面就列出了可以稱為業力的常見金錢問題。

小測驗

你的金錢業力是什麼？

以1到10的等級回答下列每個問題，其中：

1＝沒有問題

5＝偶爾有問題

10＝有嚴重的問題

___你每個月很難收支平衡。

___你有卡債尚未清償。

___你背負著長期的銀行貸款或學生貸款。

___你的抵押貸款對你的收入來說太高了。

___你沒有認真地為退休作計畫。

___你揮霍金錢購買奢侈品，通常都是出於一時衝動。

___你品味高級，但收入卻不足以供應。

___你與你的配偶或伴侶為了金錢問題爭論不休。

＿＿你擔心自己的財務未來。

＿＿你看不到擺脫當前財務困難的出路。

＿＿你每個月靠工資過活，勉強維持生計。

＿＿你預見負擔不起的費用，例如支付孩子的教育費用，或讓年邁的家庭成員接受安養照顧。

＿＿你從來都存不了錢。

＿＿學習財務和投資超出了你的能力範圍，或者你並不想嘗試。

＿＿你已經欠了稅。

＿＿在有人向你提供財務建議時，你不會接受。

＿＿你認為金錢是禁忌的話題。

＿＿你把錢花在你後來後悔的事物上。

＿＿你不贊成伴侶或配偶花錢的方式。

＿＿你對工作的低薪感到不滿。

總分＿＿

評估你的分數

在上面全部二十個問題上全都得1分，對金錢很在行，這樣的人恐怕不存在。得最高分就像在如上二十個問題全都給自己打10分的最差分數一樣不大可能。

大多數人會發現自己的平均分數是五乘以二十個問題等於一百分。換句話說，如果你仔細檢視自己的財務狀況，通常總會教你擔憂。有些項目進展順利，但另一些項目則不然。這個測驗的重點不是總分數字，而是你評分為7到10的項目或問題。你可能覺得這些問題很危險，但在這樣的情況下，你只會更添憂慮，卻依然故我。

另一方面，你認為值得擔憂的每一個項目都包含一個選擇，這個選擇幾乎都與擴展覺知有關。只有你覺知的事物才有改變的可能。提高覺知並不值得恐懼。你已經在問題的層面上覺悟到你的問題，現在需要做的轉變是在解決方案的層面覺悟這些問題。

最後，你得把金錢的使用看成只是一種補償。一般人總把金錢視為通往幸福的途徑，但真正的途徑——喜樂的意識（我們將在本書的第三部分作更詳細的探討）對他們卻是封閉的。自我覺知與致富的承諾不同，但自我覺知有助於以正確的方式看待金錢，金錢雖有用，但如果你想要充實的生活，並不需要對金錢魂牽夢縈。一旦你了解了這一點，許多金錢問題就會自行消失。

金錢業力可以改善

在你的覺知中，每個問題都有某個程度的解決方法。提高覺知讓你有了改變的基礎。就改變金錢業力而言，下列事項只會適得其反，因為它們不知不覺地受到舊習慣和過去的訓練所驅使：

- 擔心、焦慮
- 慣性
- 否定
- 一廂情願
- 放棄
- 逃避自己

• 悲觀態度
• 自我批評

我們全都受制於這些徒勞無益的做法，而且問題越敏感，我們就越有可能以這些方式應對。當然，金錢是非常敏感的問題，它與個人的成敗感有關。在社會觀點中，有錢代表你成功；沒錢會使你微不足道，受到忽視。然而，大多數人對於如何以正面的方式處理他們的金錢業力，卻知之甚少。

以下是改變業力模式的策略，因為它們與自我覺知相關：

• 清晰的洞察力
• 對自己誠實
• 尋求專家協助
• 堅持
• 相信有解決方法存在
• 相信你會找到解決方法
• 現實的思考
• 對你的選擇持開放態度

• 承擔責任
• 做你知道你需要做的事

如果你細想上面這兩個表，就會發現在金錢之外的人生其他方面，你都以非常有意識的方式行動。可以說，在你做任何為你帶來快樂或引起愛、美、同情、欣賞和成就感反應的行為時，就沒有業力障礙。單單金錢本身並不能帶來這些體驗。金錢可以幫助你擁有這樣的經驗，也可以阻礙你的道路。你對金錢業力的策略應該以這一認識為重點。

改善你的金錢業力

1. 當你發現自己在做上表中徒勞無益的事項時，停止做下去。這是最重要的一步。
2. 不要對抗擔心、自我批評、一廂情願、否定等的衝動。相反地，讓自己安靜地休息一下，直到你感到平靜和集中。
3. 當你對事物整體有良好的感受，並有時間反省時，查看積極選擇列表。選擇一個你可以實際做出的改變，由以下的問題中擇一反省：

- 我怎麼才能清楚了解有挑戰性的某件事物？
- 有沒有我必須誠實面對的事物？
- 我可以在哪裡尋求好的建議？
- 我真正需要堅持的一件好事是什麼？
- 我相信有解決方法嗎？
- 我相信我能找到解決方法嗎？
- 我對自己的立場和處境是否有現實的態度？
- 我能否對新的選擇持更開放的態度？
- 我怎樣才能承擔更多的個人責任？

4. 一旦你選擇了上述的問題，就要充分地反省它。這些並非公式化的問題，而是與真實本性的溝通管道。靜下心來面對這個問題。不要掙扎或緊張地尋找答案。

5. 等待回應。深刻的覺知會立即或是很快地帶給你回應。它可能就像是一個訊息，或者靈光一現的「啊哈！」時刻，也或者只是開啟一個新的方向。

6. 一旦你覺得答案出現了，就付諸行動。無論你採取什麼行動，都應該覺得自在，符合你的價值觀。金錢業力不會因憂慮、執著、自責或恐慌驅動的選擇而改善。你正在學習依賴的是更深刻的覺知。

7. 真實的本性總會站在你這一邊，學習配合它，會把你帶到解決方法的層面，而遠離問題的層面——再沒有比這更重要的事。隨著本書的展開，我們將討論如何連結你真實的本性。

雙重束縛

金錢和業力之間有一個糾結之處值得一提。個人業力由你可以改變的重複模式組成。擴展你的覺知就能擴大你的選擇。擴大的選擇帶來新的機會，新的機會讓解決方法得以展開。這是以意識實際運作方式為基礎的金錢策略要點。

但是這裡要提到一個集體的和社會的業力障礙，這表示你和其他人一樣天生就有這個障礙。金錢創造了最終的幻覺，陷入這種幻覺中的你對金錢又愛又怕。當你因恐懼而陷入困境時，就不可能獲得財富。心理學家把這種內心的矛盾稱為「雙重束縛」（double bind）：你同時渴望和害怕同一件事。除非擺脫這種雙重束縛，否則你就無法擺脫圍繞金錢的幻想。

莎士比亞在第六十四首十四行詩（Sonnet 64）的最後一個對句中提到了瑜伽的主要教義。這首詩表達的是聽天由命的消沉態度。它以常見的現象開頭，即財富和權力無論多麼偉大，都是轉瞬即逝。海洋不斷地侵蝕海岸，最高的塔樓傾塌化為瓦礫。這首詩在最後避開了陳腔濫調，轉而敘述心理的變化：

時間終會到來，把我的愛帶走。
這個念頭就像死亡，別無選擇
只能在失去的畏懼中哭著接受。

從沒有人以這麼簡潔的方式說明「雙重束縛」。欲望讓我們去追逐我們所愛的一切，然而一旦我們得到了它，就會自然而然地害怕失去它。雙重束縛是否放諸四海皆準？莎士比亞認為如此，瑜伽也有同樣的想法。所不同的是，我們可以把雙重束縛看成一個完整的幻覺，這是找到出路的關鍵。

這條路徑非常清晰。不要渴望金錢，也不要害怕它。把你的時間、思想和精力投入現實中，這就是創造性智慧的流動。這個教誨的清晰度幾乎顯而易見，誰不喜歡現實勝過幻想？遺憾的是，這個問題的答案是「我們所有的人」。執著於金錢是執著於物質主義的一個分支，兩者互相跟隨。然而，把你的生活建立在獲得更多物質的基礎上，足以關閉意識之路。

在佛教中，覺悟之道包括正思、正語、正業、正命。瑜伽在關於達摩的教誨中包含了這些內容。達摩不是唯物主義的，成功取決於能夠配合佛教所支持的人類價值觀。沒有它們，累積的金錢就名副其實不屬精神性靈，甚至是在精神性靈的對立面。我希望已經為你消除了這個想法。在你面前的是一個豐盛的願景，它涵蓋了生活的每一個層面——思想、身體和精神。

金錢與工作

你或許喜愛你賴以為生的工作——根據一項重要的調查，工作滿意度不僅很高，而且由二〇一三年的八一％躍升至二〇一六年的八八％，這是這個統計資料最新的紀錄。這麼高的比例不免教人感到驚訝，似乎暗示一般人一定是安居樂業，但實際上遠非如此。不到三分之一的人表示自己豐衣足食，但還有三分之二的人在苦苦掙扎或勉強度日。

怎麼會有這樣的差距？答案在於適應。工人調整自己以適應他們所做的工作。由「追隨你的喜樂」這個觀點來看，工作應該和你是什麼樣的人相關。然而在大部分人的生活中，情況恰好相反。他們是誰並不重要，重要的是保住一份工作，把它做好，希望得到加薪。要扭轉這個局面，讓你的工作和你有關，就需要從基礎開始。

首先，最令人滿意的工作收入不一定最高。平均說來，醫師的收入很高，如果你是外科醫師，就有很大的可能致富。但在十五個最令人滿意的工作中，醫師排在第十一位，外科醫師排在第十四位，僅在教師之上。排名第一的工作可能會讓所有人都感到震驚：最教人滿意的工作是神職人員。確實有非常高薪的工作非常令人滿意，那就是企業的執行長（排名第二），但如果你是脊椎按摩師（第三）或消防員（第六），在工作中幾乎也可以同樣快樂。警察則不在名單上。

真正重要的不是你的工作或職位頭銜，而是你工作的條件，這已經由社會心理學的研究衡量過。如果你想知道你為什麼喜歡或討厭你的工作，請考慮以下因素。

讓人滿足的工作條件

如果你的工作場所能帶給你某些關鍵的事物，工作滿意度就會提高：

- □金錢（但僅限於某一程度）
- □壓力低
- □工作保障
- □與同事的良好關係
- □被傾聽的感覺
- □忠誠和上級的支持
- □照顧他人的機會
- □升遷的機會
- □積極正面的企業文化

□具有挑戰性的日常任務
□能夠發揮所長

如果用這個表單來衡量你的工作，你勾選的框越多，工作就會越快樂。在一定的程度上，這確實如此。但表和圖並不能真正代表人性。

即使面對惡老闆，大多數人依舊能以某種方式在他身邊工作。無數的勞工做的工作都是漫不經心的例行公事，沒有機會面對日常的挑戰，因此他們藉著尋找補償的正面因素作為彌補，比如在工作中建立深厚的友誼。兩個超市收銀員整天閒聊所得到的快樂，會比被川流不息的病人和堆積如山的文書工作淹沒的醫師更快樂。

讓自己配合創造性智慧，最重要的是在工作場所的實踐。創造性智慧的意義在於，它要為你和你周圍的人帶來最佳的結果。這不是奇想，每個人都有尋求問題解決方法的意識層面，當你由這個層面運作時，就會配合創造性智慧的流動。如果你反其道而行，以抱怨、擔憂和責備來看問題時，就會陷入困境的層面。

既然你已了解導致工作滿意度最重要的因素，就可以把注意力轉移到在你自己的工作中改進它們。以這種方式運用你的精力比發牢騷、怨恨或被動地忍受現狀要好得多。採取積極的步驟有意識地決定掌握自己的命運。如果你發現自己處在負面的環境中，請盡快轉到另一份工作。

薪資

你應該做你認為自己值得的工作，那才是心理健全的目標，獲得更多的金錢則不是。不公平的工資幾乎比其他任何事物都更讓人對工作感到不滿，不支付公平工資的企業文化同樣也不尊重他們的員工。

金錢的問題很難處理，你可能雖然得到公平的報酬，但財務情況卻沒有改善。這通常是因為你負債累累（主要是信用卡債），財務過度擴張，因此金錢成了持續憂慮的源頭。審視你的情況，並對你自己造成的那部分金錢憂慮負責。

承擔責任的最佳方式在於覺知的層面：停止要求金錢做它做不到的事情。

- 更多的錢不會讓糟糕的工作變得可以忍受。
- 更多的錢並不會讓你比收入較少的人更好。
- 更多的錢不會為你帶來自尊。
- 更多的錢不會讓其他人更喜歡你，儘管他們可能會偽裝得很像。

如果你在自己身上看到這些態度，改變它們就意味著你承擔了個人的責任，無論薪水有多高，把你的真實本性置於薪水之前。

壓力低

大部分的工作壓力都來自有據可查的來源：截止期限逼近、工作負擔過重、身兼數職一心多用、噪音過大和工作不穩定。同時，壓力往往會影響環境氣氛，具有傳染性。如果你想主動減輕壓力，就需要採取兩個步驟：解決影響你的壓力源，以及不要在工作環境中給其他人造成壓力。

理想的工作環境是安靜、融洽的氛圍，每個人一次都只專注於一項任務，而沒有過度的壓力。這樣的要求過分嗎？只有你自己可以作評判，因為沒有兩個工作場所會完全相同，一片寂靜的會計師事務所與喧鬧嘈雜的建築工地幾乎難以比較。最終的裁判是身心（bodymind），它是讓身體與心靈融為一體的整體系統。如果你很難獲得充足的睡眠、總是擔心最後期限、下班後需要喝一杯紓壓、常常要壓抑怨恨、容易煩躁不耐、食欲不振，或者經常感到疲勞和筋疲力盡，這些都是最基本的早期警告訊號，顯示你的壓力太大，需要盡你所能來補救這種情況。

至於不給別人壓力的方法很簡單：想想讓你感到壓力的事物，一旦你覺知到它們，就不要對你的同事或部屬做同樣這些事。關鍵詞是壓力，你要覺知到壓力太大，並為此採取行動，而不是把壓力傳遞下去。

工作保障

除了擔心錢不夠之外，人們最焦慮的是工作是否有保障。即使在曾經以終生聘雇知名的日本，這種典型的做法也已經崩壞，養老金遭到剝奪，工人的權利減少，主要是因為擔心失業。身為個人，你我沒有力量改變企業的做法，但在過去兩次重大的經濟反轉——二〇〇八年的經濟大衰退和新冠疫情大流行造成的大量失業，關心員工福利，分擔他們的負擔，並試圖想出公平的方法讓員工繼續工作的，很明顯是小企業。

你的任務是評估你工作的公司和你目前的情況，清晰和明智地推斷。公司是否關懷員工？以何種方式？管理階層真的重視員工的福利嗎？你的同事有安全感嗎？詢問並找出答案。然後考慮你對工作保障的重視程度。某些工作，如餐廳的工作，人員流動是自然的，而其他工作，如公務員，知道你有鐵飯碗是主要的吸引力。

要現實看待你的現狀，但也要展望未來。美國這個國家社會安全網很少、消費者債務高、外食率高、儲蓄率低、工會勞工的保護很少。這些因素，再加上在疫情奪走許多人生命之前，越來越多的人更長壽，因此在退休前數十年，趁年輕時就該設想，如果你六十五歲退休，就必須設法養活自己十至三十年。如果想到財務專家（包括政府計算的數字）按年齡層推薦的儲蓄金額時，這個前景實在教人警惕：

• 三十多歲的美國人：建議儲蓄年薪的一至兩倍

對照

實際儲蓄的中位數：二萬一千至四萬八千美元

• 四十多歲的美國人：建議儲蓄年薪的三至四倍

對照

實際儲蓄的中位數：六萬三千至十四萬八千美元

• 五十多歲的美國人：建議儲蓄年薪的六至七倍

對照

實際儲蓄的中位數：十一萬七千至二十二萬三千美元

• 六十多歲的美國人：建議儲蓄年薪的八至十倍

對照

實際儲蓄的中位數：十七萬二千至二十萬六千美元

根據一般的財務建議，按照經驗法則，你應該由二十多歲起，儲蓄年收入的一○％至一五％，並在退休後，用你如今年收入的八○％生活。

無論你落在上表的哪一個地方——許多人儲蓄的金額比一般平均高，也有許多人比平均低——讓自己在未來有安全的財務是你畢生的責任。民意調查發現，老年人最大的恐懼不是健康不佳或死亡，而是成為他們子女的負擔。由於儲蓄少、退休金計畫不當、高昂的生活費以及阿茲海默症患者（甚至包括健康的老人）高昂的照護費用，這種恐懼越來越常成為數百萬美國人的現實。要避免成為負面統計資料的一分子，解決方法與其他的金錢問題層面都一樣：你只能改變你所覺知的事物。如果沒有覺知，你就會成為你無法控制環境的犧牲品。

與同事的良好關係

這一點似乎不言而喻，因為與同事處得來比處不來更教人嚮往。然而在現實中卻免不了有點出入。有些人性情乖戾，難以相處，也有些人自私自利，不尊重他人，或者爭強好勝，讓人無法信任。辦公室的蜚短流長會破壞人際關係，辦公室戀情也是如此。簡而言之，職場與人性本身一樣複雜。

你的任務不是要成為上述的負面類型。友好的合作應該是你們的常態。你還要透過下列的方法，改善與同事的關係：

- 在別人說話時專心聆聽。
- 不偏袒，也不選邊站。
- 在同事表現好的時候出言讚揚。
- 當你看到同事承受壓力、處於緊張時伸出援手。
- 始終都表現出對同事的尊重。
- 避免八卦和辦公室政治。
- 即使你不同意他人對事情的說法，也要理解它。
- 明白每個人都有自己的故事，並相信他們的故事。

上面的清單似乎很長，但歸根究柢，每一項都是來自於覺知，而非欠缺覺知。一旦你明白群體心理學如何運作，也就是你自己所在的群體，就可以按照你的覺知行事。很少有人的心理足夠靈活，可以在困難出現時改變關係，因此最好的建議是預見困難，並提前避免。

獲得傾聽的感受

關於工作滿意度的研究把被傾聽的重要性放在比我們大多數人所認為更高的位置，因為自我的私心往往並不平衡：我要說的比別人要說的話更重要。即使在這個因素並不明顯的情況下，依然很容易忘記你所遇到的每一個人都希望被人傾聽，至少和你想要被人傾聽的程度一樣。

如果你發現在自己的工作環境中，上級不聆聽你說的話，這就是重大的警訊，告訴你選錯了工作。在經理人拒絕傾聽時，你的話就只是嗡嗡作響的聲音，只會增加你的沮喪、怨恨和無助感。

忠誠和上級的支持

每一種工作，除了極少數例外，都被安排成階層的結構。會有人在你之上（除非你擁有這家公司，或者擔任執行長），這會限制你的獨立和自由，原本的設計就如此。想要在階級制度中感到自在，你就必須要信任在你之上的人，這是讓他們有權力控制你的交換條件。

許多人被動地接受這種妥協完全失衡的情況。人們認為他們應該要忠誠，但在他們上層的人卻不值得信任、反覆無常、專橫霸道、顢頇無能，或者濫用權力。如果你有部屬，你的職責就是避免這些陷阱。觀察你身邊的人，注意員工和老闆之間存在的無聲交易。如果這樣的交易不划算，不妨想想你選擇的工作是否正確。向惡老闆或壞經理申訴不公，非但很少能改善情況，而且往往會招致報復。

照顧他人的機會

神職人員、護士和物理治療師的工作滿意度很高，因為他們有共同的動力：他們有關心他人的機會。這種關懷是基於同理心和樂於助人的願望。阿茲海默症病患的照顧者情況則相反，他們的負擔持續不變，結局毫無希望，受照顧的病人很少有反應，甚或更糟。失智症病患的照顧者壽命平均縮短五至八年，這是日常壓力大的直接結果，對我們的社會是相當大的挑戰。

絕大多數工作都不是照顧他人的職業，但你可以在任何工作領域表現出同情和關懷。掌握機會向別人表達你的關心，即使只是一個溫暖的微笑或一句隨口的話語。不要遵循公式或儀式，要針對個人和真誠。現代生活增加了疏離和孤獨感的可能，尤其窮人和老年人中更是如此。請牢記這一現實，因為你的幸福取決於你由朋友、家人、同事和支持團體那裡得到多少支持。如果你提供支持，將來當你發現自己有需要時，就較可能獲得支持。

升遷的機會

多年前，我遇到一位與眾不同的媒體大亨，他很少引起周圍人們的嫉妒、敵意、恐懼或怨恨。如果有哪一位超級富豪能夠受到為他工作員工的喜愛，那就是這個人。他的祕訣很簡單：他努力讓每一位同事都像他一樣富有。對他來說，這是他成功的祕訣，因為在他的員工明白他渴望並願意為他們提供每一個升遷的機會時，他就贏得了極高的忠誠。

我想這種行為如今非常罕見。一些大企業，尤其是矽谷的大公司，已經創造了一種企業文化，讓員工在工作中獲得各種舒適安逸的慰藉。就個人層面而言，把自己放在第一位的衝動符合自我的目標，但如果每個人都想出人頭地，獨立自私的個體行動就是提高成功實際機會最糟的方法。

你的任務是找到有升遷機會的工作——這對女性來說仍然不是易事。這個任務可能比較困難，這也是美國就業市場流動性如此之高的原因。而且目前的趨勢並未朝著對你有利的方向發展。在美國，向上的流動性已經降低，而在如北歐等其他國家，現在則提供了更多的機會。向上流動也更傾向於受過教育的白人男性。如果你只有高中學歷，那麼這幾十年來，你的升遷機會一直在減少。與白人教育程度相同的黑人在工作上可能只有五〇％的升遷機會。

如果以現實的眼光來看這些可能性，許多人已經自我放棄，繼續從事相對穩定但可能很少有升遷機會的工作。你必須決定自己的情況如何，以及你的期望是什麼。另外也要記住我在上面提到的媒體大亨。為他人創造機會是致勝法寶。我為人人和人人為我是爭取成功的可行方式。找出你認為是盟友的人，並把結盟、聯繫和人脈網絡作為你職業生涯的常軌。

積極正面的企業文化

企業文化原本的起點低到可說可恥的地步，如今才在向上發展。美國資本主義的英雄來自於剝削工人的殘酷傳統。一九二八年，亨利．福特在底特律郊外的紅河（River Rouge）打造汽車裝配廠的模型時，創造了一個異常吵雜、壓力大、無聊乏味而低薪的工作環境。然而我們讀到福特T型車和A型車成功的故事遠比這些汽車來自可怕企業文化的報導多得多。

如今福利好的工作非常稀少，九九％的勞工只能滿懷羨慕，看著為如谷歌和蘋果等提供人性化、舒適工作條件企業工作的一％勞工。但即使是這些公司，也與被視為非法血汗工廠的中國工廠牽扯不清。

除非個人在職場階級中處於非常高的位置，否則無法影響公司文化。你的任務是把你的福祉放在金錢之前，在你身心都感覺良好的地方工作。至少，你值得享有這種程度的工作條件。如果問題存在，不妨考慮在家工作或換工作。安於惡劣的企業文化是出於恐懼和不安全感。你應由你的幸福程度來激勵自己——這就是本書的主旨。

具有挑戰性的日常任務

工作滿意度上升如此之多的一個可行原因是枯燥的日常工作減少了。轉型雖然痛苦，但更換工廠設備，讓機器人完成大部分的日常工作，正在推動社會朝正確的方向發展。美國已經有三七％的工作可以在家完成，而在家裡是比辦公室更舒適的環境。

但提高最低限度與瞄準最高理想並不相同。如果挑戰是創造性的，那麼人類的意識就會在挑戰中茁壯成長。簡而言之，這應該是你的個人目標。相較之下，金錢、責任、地位、權力和聲望都是微弱的補償。成功的欲望使人們滿足於升遷而非創造力，這是要不得的平衡。

什麼是創意挑戰？我們可以把它定義為任何可以讓你擴展天賦和才能的可能。這些可能讓你覺得自己在成長和進步，對你已經擅長的事物可以精益求精，或者擴展到讓你感到興奮的新領域。不一定要成為有創造力的藝術家，只要解決方法和創新受到重視，創造性的挑戰就會比比皆是。

可惜的是，社會並沒有告訴我們無聊和倦怠真正的危險。擔任醫師具有很高的社會價值，但醫師濫用藥物和職業倦怠的比例非常高。如果你每天都面對焦慮的病患，而他們最後也只是接受相同的醫療程序，服用相同的藥物時，你幾乎沒有創造性的挑戰。（我是根據我早年在波士頓擔任內分泌醫師時辛勤工作的前職業倦怠經歷說的；我最後的救贖是找到一種創造性的方式從事醫療業。但在當時我所認識的年輕醫師中，這條路幾乎沒有任何榜樣可以遵循。他們和我一樣陷入困境，卻更拒絕接受它。）

每天做點新的事物，你就會煥然一新。那不是幻想。我們身體的每一個細胞都透過不斷地更新而存在。你是否應該像肝或胃的細胞那樣更新？這個問題非常值得一問。

能夠發揮所長

幾乎人人都自然而然地想要做好自己的工作。把工作做好能夠贏得尊敬和欽佩，與馬虎或粗心的工作相比，人們會以更好的態度對待你。但在這樣做時，很容易過猶不及。如果你認為自己就等於你的工作，你的餘生就會縮水。全心全意投入工作的人已經成為一種常見的類型：長時間工作、把工作帶回家、力求完美——這些都是令人擔憂情況的症狀。野心勃勃並沒有好處。

你可以根據一天中的時間來面對這個問題。如果你有時間做下面這些事，那麼你的時間安排對你的福祉就有益：

- 每小時動一動，伸展五分鐘。
- 找時間與你覺得親近的人建立個人關係（不是透過簡訊或電子郵件）。
- 為自己騰出時間，獨處和安靜。
- 做一些感覺像玩耍或娛樂的事。
- 花一些優質時間觀察自己的內心、冥想或做瑜伽。

如果你的一天無法包含這些元素，或者如果你把它們視為偶爾的奢侈品，那麼你就沒有利用時間來提升自己的福祉。當然，時間的安排不是一切，更不是唯一的要點。人際關係的價值超越了任何日程，但實際的情況是，除非你為它騰出足夠的時間，否則你無法擁有一段有益的關係。

因此，在你考慮做好工作的意義時，請仔細觀察你的每一天是如何進行的。如果你的時間很緊湊，每一個小時都忙於工作，背負著太多的職責和要求，無法毫無壓力地滿足它們，那麼你就是時間的犧牲品。由創造性智慧的角度來看，你總有足夠的時間去做最適合你的事。讓自己配合這個真理，你就會走上讓每一天都充實的道路，而不僅僅是一天中只有在工作的那一段時間才覺得充實。

創造性智慧的流動

遵循你的達摩為意識的動態層面開闢了一條清晰的路徑，這個層面就稱為「創造性智慧」。瑜伽教導我們，純粹的意識並不是靜止的，它與生命一起振動，並由自身內部驅動，出現在物質創造——即宇宙之中。創造性智慧的流動組織安排了地球萬物，但在所有的生命形式中，只有人類可以有意識地運用創造性智慧，而且我們已經這樣做了幾千年。

在你由產道中降生時，並沒有帶著你在子宮裡生活的記憶，也沒有你由受精細胞變成新生兒旅程的記憶。同樣地，我們如何獲得創造的能力，也已經由人類的記憶中消失了。讓我舉一個可能是人類創造力最古老的例子，一個讓文明成為可能的創造性行為：在曠野裡因閃電而引起火災時，每一隻動物都會逃離，但為什麼直立人（*Homo erectus*，距今一百八十萬年至三十萬年前的古人類）卻轉過身來，非但不逃跑，而且想像是否可以馴服火？是什麼神奇的轉變把恐懼變成了聰明才智？

人類學並沒有提供答案。長久以來，人們一直認為火一定是智人（*Homo sapiens*，距今二十五萬年到四十萬年前）最偉大的演化成就——來自於比較高級的巨大大腦。在所有物種中，按體型比例，智人的大腦是迄今為止最大的一種。然而在直立人曾經居住的地方出現了木灰的遺跡，他們的大腦體積比智人小得多。先前考古學者估計人類可能在十萬年前懂得用火，比最古老的洞穴壁畫早七萬年，但後來他們開始在一百萬年前的遺址中發現灰燼，比智人出現的時間早了八十萬至九十七萬年，視你接受的估計數字而定。人們已廣泛接受一百萬年的這個日期，但還有古老得多的灰層沉積物報告，甚至達兩百萬年之久。

我們的原始人祖先不需要巨大的現代大腦皮質來馴服和使用火；他們只需要覺知，而覺知向創造性智慧敞開。這就是瑜伽的觀點，它教導意識是自我覺知、自我組織，和自給自足的。創造性智慧完全自動自發地引導我們走向下一個新發現。創造性智慧是無限的，無論它能夠做什麼，我們都能做到，這個連鎖永遠不會中斷。

為現代世界提供動力的電，是對馴服火的最初衝動的升級；就像石器時代晚期發展的心智技巧：計數最後升級發展為你的智慧型手機和桌上型電腦一樣。新石器時代最古老的人工製品是刻劃有成排孔穴的石頭——據推測，這種刻痕是為了部落之間貿易物品之用。成排的孔穴只有作為數字的替代品才有意義。自然界沒有數字；數字是人類發明的創造性觀念。

金錢的演化發展

你一生都沉浸在意識的流動中，思考、感受、說話，和做事。這些活動中的每一項都需要有意識的心智。瑜伽至少一千年前（可能更早）在印度形成之時，古代先知並沒有可以使用的素材，當時沒有心理學系、研究報告、教科書或者專業的專家——只有浮現在他們自己心智中的東西。這些內在世界的探索者奇蹟般地做出了堪比愛因斯坦的發現。即使到今天，西方心理學想要迎頭趕上，還有很長的路要走。

一個重大的發現是意識想要演化。具有創造力的它會流向好奇心和發現。助長這種衝動的是每當我們有新發現時的喜悅之感——孩童無法掩飾他們在發現世上新奇蹟時的歡欣。除了歡喜之外，我們所發現的事物還為我們的生活增添了價值和意義——只要問問任何剛墜入愛河的人就知道，在你飄飄欲仙如醉如痴之時，這種發現超越了世上的一切。

愛可能會像耀眼的光芒一樣憑空出現，但大多數時候，我們對其他事物都可以選擇。我們可以選擇演化進步，也可以選擇相反的倒退。下面是個簡單的物理學圖表，適用於宇宙及其中的一切：

創造

←——熵　演進發展——→

自大霹靂以來的整個創造過程中，有兩股無形的力量往相反的方向拉扯。第一種力量是演化，創造了複雜的形式，由大霹靂之後立即產生的旋轉、混沌能量開始，在數十億年的時間裡形成了原子、分子、恆星、星系和地球。但朝另一個方向拉動的是熵，它破壞了這些結構，導致物理衰變、溶解和能量的穩定流失。

瑜伽教導我們，人的意識會受與上述相同的力量——秩序和混亂，朝向相反的方向拉扯。意識的演化主導了智人的歷史。儘管戰爭、疾病、天災和思覺失調的熵效應削弱了演化，並拖累了存在，但創造性智慧的流動不斷驅動演化。這包括金錢，因為五千年來金錢和商業使文明成為可能——進步總得要付出代價。

在我們內心，熵可以被視為是任何削弱我們自身創造性智慧的事物——無意識的行為、習慣、制約、慣性、封閉思想和被動的惰性。我們只需要再用一張

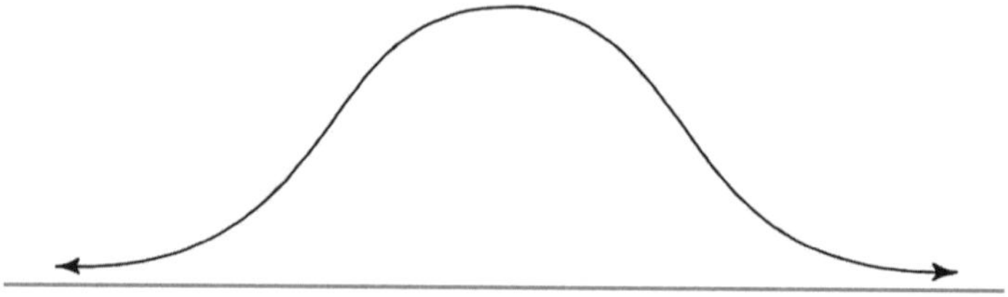

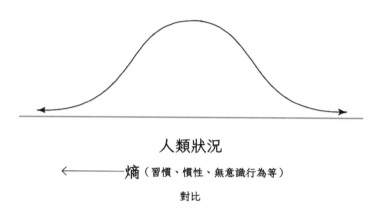

人類狀況

←——熵（習慣、慣性、無意識行為等）

對比

創意智慧——→

圖表來說明人類的處境，也就是你我在人生劇場中的位置（如上圖）：

我們所有人都處在這個鐘形曲線之下，大多數人聚集在中間。在這裡，熵和演化發展混合在一起，或者按流行的說法，就是「進兩步，退一步」。因為大多數人的生活充滿了無意識的選擇、習慣、制約、偏見、恐懼、希望和夢想，他們的無意識衝動很強烈，並導致熵：即浪費時間、金錢、情感的投資和情緒。演化發展也會混合在其中，因為在我們生命有意識的部分，我們創造、愛、感受到啟發，並找到快樂。

瑜伽教導我們：我們能夠增加有意識選擇的比例，而且在這種情況發生時，你就會由曲線的中間移向加速演化那方。在圖右方最薄的邊緣，也就是演化最先進的地方，我們發現了各種各樣的天才、聖人、賢人、藝術家和有真知灼見的人。他們就像站在樹頂，向上延伸，除了純粹的意識之外沒有任何東西引導他們。我們雖然不渴望加入他們，但每一個人依舊可以選擇演化。這不是達爾文那種實體的演化，而是意識的演化。

由於金錢是在意識中誕生的，因此它也可以朝這兩方中的任一方向發展，朝向浪費和損失，或者走向收益和創造力。實際來說，因為金錢非常實際，下面就是選擇熵的情況，這樣的選擇讓你最後無法到達任何你想去之處：

熵：錯誤的賺錢方法

七件行不通的事

1 幻想金錢

對於許多人來說，金錢是夢，致富是美麗的幻想。這行不通，因為現實與幻想不同。真正富有的人從不會稱致富是夢想成真，但我們卻依舊抱著這樣的幻想。

2 金錢本身就是目的

毫無疑問，擁有金錢開啟了改善生活之路。但是一心痴迷賺錢，它就會取代實際的滿足。任何人，無論貧富，如果每天醒來都在想賺錢，就會在金錢和幸福之間製造更大的鴻溝。

3 害怕貧窮

需要和匱乏是痛苦的根源，曾經受過貧窮折磨的人，沒有一個想回到那種狀態。但如果你賺錢的動機是恐懼，那麼貧困仍然控制著你。焦慮從來不可能會讓你變得更快樂。

4 欺騙、不誠實、撒謊

我們在社會上看到有些不法分子藉由陰謀詭計致富，除非被逮到並送入監獄，否則他們常會以自己為傲。他們鑽了制度的漏洞，不像那些循規蹈矩的笨蛋。但實際上，只有極少數人缺乏良心。不誠實會使人產生歉疚感，而歉疚感就和焦慮一樣，是快樂的敵人。

5 背叛你的核心信念

雖然沒有撒謊和欺騙，但許多人覺得自己被迫從事枯燥、常規、沒有成就感的工作。他們覺得是環境迫使他們陷入這種境地，但其實他們是自我背叛。最重要的兩個核心價值是「我應該快樂」和「我有很強的自尊」。除非你堅持這些價值觀，否則就走錯了方向。

6 傷害他人

大家都認為踩著別人往上爬不是正確的做法，但我們還是會這樣做。追求第一的價值觀很強大，因此在我們貶抑他人、忽視他們的感受、試圖控制他們以及以自私作為舉行不端的藉口時，往往就會刻意忽略這些情況。傷害他人以達到自己的目的其實表示你內心深處覺得自己有所不足。

7「殺手本能」

如果勝利就是一切，那麼最後的贏家競爭力就最強。他們有趁虛而入的殺手本能，水中的血腥味讓他們興奮不已。但實際上，我們當中很少有人能在鯊魚缸裡茁壯成長，而且我們也不願意如此。一心一意想不計一切代價成為贏家的人，都是受到害怕被視為失敗者的深沉恐懼所驅使，再多的成功也無法消除這種恐懼。

列出人們犯的所有錯誤，就會發現難怪在日常生活中進步發展如此困難。我們糾結在使我們的生活陷入離滿足極其遙遠的價值體系，這個糾纏的過程是在漫長的時間內發生，我們幾乎是不知不覺地屈服於錯誤的信念。你知道需要養家餬口的人無法擺脫他們厭惡的工作嗎？失業是你難以面對的恐懼嗎？你是否曾經見過先前富裕但後來破產的人？

我們所有人都曾有過的這些經歷，會在我們生命中的某個時刻有意識或無意識地影響我們。走錯方向最糟糕的一點是你感到茫然無助，但其實你擁有的選擇比你所知的更多。你可以藉由選擇而非工作，讓自己擺脫糾纏，在提升幸福感和福祉的同時賺錢。

創造性智慧：我們如何以正確的方法賺錢

七件真正有效的事

1 自給自足

財務獨立值得追求，大多數人都希望在退休時能夠達到這個目標，但更重要的是內心的獨立感。真正的自給自足意味著遵循你的核心價值，不屈服於別人對你的看法，並且毫不懷疑知道你已足夠。

2 承擔責任

在你責怪其他人和外在的力量時，就是在放棄你個人的力量。為自己的人生負責就是自立自主，它讓你接觸到你內心需要改變的事物，因此你開啟了道路，讓改變能實際地發生。放棄你的責任會讓你一直都是受害者。

3 合作

合作打破了贏家通吃和爭先恐後的風氣。儘管你有成為大贏家的幻想，但生活並不是一場零和遊戲。這和美式足球冠軍賽事超級盃不同，超級盃只有唯一的贏家和輸家，而合作卻會創造源源不斷的雙贏結果。在你為自己也為他人賺錢時，以雙贏的結果為目標，也會產生滿足感。

4 良好的工作理念

社會大眾總認為敬業很重要，這並沒有錯，但真正有效的是良好的工作理念，或者如佛教教義所說的，「正確的工作」。如果努力工作意味著奮鬥掙扎、辛勞，和把幸福推遲到退休年齡，那麼這往往不是正確的工作。為你所愛的工作會在此時此地為你帶來滿足，那麼再辛苦的工作也根本不像工作。

5 忠於自己

幸福的感受是你真實自我的標誌，也是知道自己沒有背叛核心價值最可靠的方法。忠於自己應該是一種快樂。相反地，如果你認同的是你的自負，就會把一切都建立在一個不安全的基礎上。「我」是錯誤的嚮導，因為它永遠都會有欲望、藉口、恐懼、嫉妒和責備。你該認同的是帶來安全滿足感的體驗。

6 忠於你的核心價值

「價值」已成為頑固信念和赤裸裸偏見的政治詞彙。核心價值則不同，它們包含了愛、同情、真理、忠誠、自尊、謙遜和個人成長。請記住，人生的最高價值毫無意義，除非它們是你的最高價值。

7 把重心放在覺知上

除非你覺知，否則無法改變人生中的任何事物。覺知與邏輯與理性不同，你無法理解意識；它是已經安排好的，是在創造中一切事物的泉源。你的任務是讓自己配合意識的流動，這表示你要竭盡所能運用你的時間、精力、情感和金錢做出演化的選擇——它們很重要。

列出有效和無效的做法很有用，因為它很實際。大多數人堅持一些出於習慣的行為，他們往往甚至不知道自己為什麼這麼做。我們純因出於惰性，而一次又一次地沉迷在使自己挫敗的行為。

最好的生活方式是在演化發展的路上；因此賺錢和使用金錢的最佳方式也在同一條路上。然而我們眼前還有一個較抽象的問題。隱藏在創造性智慧的奧祕就是：是我們在運用它，還是它在運用我們？如果你檢視兒童的發展，就會知道這個問題有其道理。由嬰兒初期開始，孩子會做出和意識選擇無涉的重大發現，例如走路。沒有嬰兒在蹣跚學步的階段會想：「嗯，所有體型較大的人都是用直立的兩條腿移動，我也應該試一試。」四肢著地爬行適用於所有其他的動物。即使在靈長類的世界，猿或猴雖能夠短時間直立行走，但也無法持續下去。牠們總喜歡像使用腿一樣使用手臂。

你我都不能選擇自己的偏好。我們學會體驗在我們內心作用的內在衝動，這是創造性智慧運用我們達到它自己目的的本能。你可以由幼兒臉上，看到他開始蹣跚學步時驚奇、恐懼和喜悅的混合表情。上天已恩賜了這種才能，幼兒發現他無法抗拒這種天賜，但這個過程卻有很多不確定性。恢復用四肢爬行感覺很安全；摔個四腳朝天感覺很疼痛。但是幼兒會冒著當下痛苦的風險來追求未來將會非常有用的技巧。幼兒對未來沒有概念，但創造性智慧卻有。事實上，它對未來非常了解，我們也要為此感謝上蒼；朝語言、高級運動技巧和較深入思想的每一步都在你的內心裡展開，因為內在的衝動已經在引導你。

創造性智慧是在行動中的意識，一旦你與它建立聯繫，就會獲得數不清的回報。在愛因斯坦宣稱沒有驚奇感就無法做出科學上的重大發現時，他把心智最高的成就與幼兒發現走路之美好時的眼中光芒連結起來。在奇蹟擴展到與他們相遇時，就有新的世界等著他們發現。

單純的覺知

你所覺知到的，你就可以改變。這話並不複雜，因為很顯然，你無法改變你沒有覺知到的事。然而大部分人都不知道，覺知其實是最強大的改變發動機。我們在這裡需要放寬視角。正如我們先前所說的，你對金錢的態度與你想要和害怕、夢想和追求的其他一切都糾纏在一起。現在讓我們縱觀全局。瑜伽教導我們：你對意識了解得越多，就能越清楚地看到通往成功和財富的道路。

達摩不斷地指引前進的方向。前進的道路免不了和改變相關；因此達摩會在下一個變化應該發生之處放出訊號。不論任何時候，只要你靈光乍現，改變就會立即發生。同樣地，這裡並沒有任何神祕之處。就像如果你突然想起自己應該在三點鐘去見某人，你就會衝出門去，因為你的意識就是驅動你所需的力量。

有些更深刻的洞見較少發生，但就我記憶所及，人們親自告訴我，下面這些認識改變了他們的人生：

- 我是成年人。
- 我真的有所歸屬。
- 我被愛。

- 我有可愛之處。
- 我擅長我的工作。
- 我是個好人。
- 我是個真誠的人。
- 我很重要。

這些文字雖然很簡單，但它們對這些人的影響卻改變了他們的人生，因為擁有這種力量的不是文字，而是覺知的轉變。這種洞察力是來自靈魂或真實本性的訊息。因為它們說的是關於我們自己真實和不可磨滅的事物，它們帶來的改變是一種「啊哈」，讓人生從此有不同的感受。你可能一輩子都在做好事，證明自己是個好人，但在你的內心，其實是在說服自己，而不是說服別人。確切告訴你你是好人的洞察力不需要掙扎，也不會帶來懷疑。那麼你所做的善行自然就會為你帶來快樂。

突然的改變並非你可以計畫、控制或安排的，靈魂自有方法為我們稱之為頓悟的經驗計時。但是你可以培養一種覺知狀態，開放洞見和啟示之路。這種狀態就是單純的覺知，你可以毫不費力地達到它。

單純的覺知是在兩個念頭之間的靜寂，是一個念頭結束與另一個念頭開始之間的間隙。在日常生活中，這個間隙一閃而過，快到我們沒有注意，但在單純的覺知中，念頭與念頭之間的間隙持續的時間比平時更長，新的想法不會立即浮現在你的腦海中，你會體驗到安靜的心靈。這不僅僅是快速地重新啟動你的大腦，你正在體會一種有它自己的風味、它自己特色的經驗。如果我把它分解出來，你一定能明白我的意思。

單純的覺知有什麼感受

- 安靜、鎮定、平和
- 滿足
- 放鬆
- 完整
- 開放
- 不受思緒干擾
- 沒有記憶
- 沒有需要、欲望或恐懼

單純的覺知是基準線，它不是你必須尋覓和追求的目標。你可能在豐盛的晚餐後或在欣賞偉大的藝術品時感受到它，或者在聆聽巴哈或聽到你的孩子玩耍時體驗到它。這些感受證明了瑜伽中的一個重要教義：心智會自然地尋覓它的源頭。只要有機會，它就會連結到你的靈魂或真實的本性，不需要哄騙，更不用強迫你的思緒去連結。

心智一直都被排除在單純的覺知之外。你或許會以為排除一個念頭的是下一個念頭，但事實並非如此。兩個念頭之間的間隙發生了變化，可能有淺有深。在你焦慮、恐慌、興奮、激動或不安時，思緒開始奔馳，它們之間的間隙教人感到焦慮、恐慌、興奮、激動或不安。目前，只要你有這種感覺，你的基準線就不深沉、不平靜、不放鬆。

有個有用的瑜伽意象可以說明這一點，那就是拉弓。在射箭時，你把弓弦向後拉，依據你可以拉到多遠，箭就會以多快的速度和多大的力量向前射。心智就是以同樣的方式運作。在兩個念頭之間，你靜靜地收回思緒，然後從那裡開始啟動下一個念頭。我們因此稱這樣做的人為「深度思考者」，承認當他們停下來思考時，他們的覺知比一般人更深入。但深刻的不是思想，而是由深沉覺知中射出的箭。

透過冥想，你可以使你內心的寂靜更深沉，因為如上所述，心智自然地想要找到它的根源；它想要與靈魂相連結。我們需要的是一種回到單純覺知的方法，如下所示。

如何達到單純的覺知

單純的覺知就是此時此地，活在當下。你不是在其中，就是在別處。你的心智已經被拉到遮蔽了當下的另一個覺知狀態，這可能透過空想或暫時的分心出現。更嚴重的是在你陷入負面情緒之時。如果你發現自己持續感受到同樣的負面情緒——例如沮喪、憤怒、焦慮或抑鬱，你就沒有覺知到當下。相反地，過去回頭來做了不速之客。

以下是我們生活中出現的三種具體情況，以及回歸單純覺知的方法。

1 重複和無聊

在你感到無聊，而且「千篇一律的老套」讓你氣餒時，你就不是處在單純的覺知中。不知不覺中，你已經不在當下。當下有創造力，因為它為新的思想、感受和啟發開闢了道路。除非分心，否則你的心智自然希望處於當下。如果你感覺到自己分心、壓力大或精神渙散，最好的辦法就是讓自己集中注意力。

做法很簡單：找一個你可以獨處的地方，閉上眼睛，做幾次深呼吸。現在把注意力集中在胸部中央的心臟部位。深深吸氣，讓腹部充滿氣體，把它向外推。現在慢慢呼氣。在呼氣結束時，暫停一下，數一、二、三，然後重複。

這種控制呼吸的簡單方法，瑜伽稱為「調息」（Pranayama），西方醫學稱為「迷走神經呼吸」（vagal breathing，**以對放鬆反應至關重要的迷走神經命名**）。這個技巧是讓你集中注意力和放鬆最有用、最快捷的方法之一，讓你進入單純的覺知。

2 消極的信念

單純的覺知是開放的，但你的心智通常充滿了各種自動反應。人們被根深柢固的信念所困，這些信念教人沮喪、自我挫敗、批評挑剔，而且通常是消極負面的。例如，你可能會發現自己有以下的信念：

- 人生是不公平的。
- 世界充滿威脅。
- 要想和人好好相處，就必須委曲求全。
- 除了我，沒有人會走自己的路。

- 你必須不擇手段，才能攀登巔峰。
- 小人物不會有好事發生。
- 人生糟糕透了，然後你就死了。

這些信念深植於我們的腦海，不知道它們從何而來，也不知道我們為什麼相信它們。由於信念是在過去形成的，它們會驅趕你離開現在。你的覺知既不單純，也不開放和清晰。

在初次約會或參加工作面試等富有挑戰性的情況下，也會出現類似的信念。你開始相信打擊自己的想法，因為它們在情感上挾持你，讓你難以理性清晰地看待事物。下面是典型例子：

- 這件事結果不會很好。
- 一定會出問題的。
- 我以前有類似的經驗，我知道會有麻煩。
- 我無法應付這個。
- 這教人望而生畏。
- 為什麼我認為這可以解決？

這些立即的反應是出於習慣。它們反映的信念是，你不能應付眼前的情況。如上面說明的，如果這些想法阻礙了你的視野，請先嘗試集中注意力。

如果你仍然覺得很難恢復平靜、專注的狀態，就必須要做一下自我照護。這無法當場進行，你得要找個內心平靜而鎮定的時間，然後對問題的根源做一點調查。審視任何一個負面或自我打擊的信念，你都會發現它會駐留在你的腦海之中，是因為我們所有人都面對以下這些似是而非的情況：

- 我們相信把某事告訴我們的第一個人。
- 我們相信經常重複的事情。
- 我們相信我們信任的人。
- 我們沒有聽到相反的看法。

當你發現自己陷入消極的信念，讓你對自己有不好的感受時，請提出以下的問題：

- 是誰最先告訴我這個？
- 它是否重複了很多次？
- 為什麼我相信告訴我這件事的人？
- 有沒有理由相信相反的觀點？

換句話說，你必須要逆轉造成你這些信念的經驗。藉著扭轉過去，你可以深入了解你的思想是如何陷入困境的。

如果你的母親說你不漂亮，或是你父親說你懶惰，你為什麼會自動相信他們？你多常聽他們的意見並不重要。你已經是成年人了，可以區分意見和事實。回頭想想你在別人眼中多麼有吸引力的經驗，或者你多麼勤奮地投身真正吸引你工作中的經驗。逆轉舊印象本身就能幫助你痊癒，讓你可以再度處於單純的覺知中。

3 痛苦的回憶

或許最常讓你陷入過去的方式是發生在記憶裡。舊的痛苦和創傷再度出現，警告我們不要重蹈覆轍。記憶中最棘手的部分是它付出的情感代價，有些心理學家稱之為「感情債」，每個人都有這種債務。我們頑固地抓住過去的怨恨、委屈、恐懼和受傷的感覺，就像沒有還清的舊債一樣。

這為我們提供了擺脫困境的線索。與其記住沒有人來參加你的生日聚會，不如注意這種糟糕的記憶所帶來的感受。與其重新回憶一段以相互指摘告終的關係，不如專注在你由記憶中得到的感覺。記憶很難、甚至無法抹消，但感情債可以清償。

下面幾個清償感情債的技巧既簡單又有效。情緒的本質本來就會起伏不定，通常冷靜期就足以讓你回到平靜的狀態。但是棘手（即固執）的情緒狀態不會自行消失，你必須透過各種方法協助釋放它們。

技巧#1：如果你感到不快的情緒持續存在，請集中注意力並緩慢地深呼吸，直到你感到情緒負擔開始減輕。

技巧#2：如果你發現一種情緒已經存在了很長時間，注意它出現的時候，然後說：「這就是它以前的模樣。但我現在已經不在同一個位置了。」覺知化解了負面情緒的強度，但這種強度因人而異。關鍵是不要把這種感覺推開。如果你坐下來面對負面情緒，意念把它融入你的覺知中，這種技巧會非常有效。感謝引起你注意的情緒，然後靜靜地坐著直到它消失，這種做法比抗拒它要好得多。抗拒只會讓你不想要的情緒更努力地吸引你的注意。

技巧#3：面對一種特別頑固的情緒，閉上眼睛安靜地坐著，讓自己感受這種情緒——輕輕地做，不要深深地陷入其中。深吸一口氣，慢慢呼氣，釋放身體的情緒能量。把你的呼吸看成一道白光，把有毒的感覺從你身上帶走，這種做法可能會有所幫助。

技巧#4：如果你沒有感覺到任何特定的情緒，而是感到情緒低落、憂鬱或心情不好，請靜靜地坐著，把注意力放在心臟的部位。想像那裡有一道小白光，讓它擴大。在白光擴展並填滿你的整個胸部時觀察它。現在把它向上擴展到你的喉嚨，接著是你的頭部，然後向上擴展到你的頭頂。

花幾分鐘來進行這項技巧，直到你感覺它已經完成為止。現在回到你的心，再次擴大白光，直到它充滿你的胸膛。現在看著它向下擴展，充滿你的腹部，向下延伸到你的腿，最後透過你的腳底進入大地。

這四種技巧可以單獨應用，也可以一個接一個相繼使用，重要的是要有耐心。一旦你運用了一種技巧，你的整個情緒系統就需要時間來適應這種釋放。簡而言之，每個人都會陷在惡劣的回憶之中，但現在你可以覺知到所發生的事，並採取行動恢復單純的覺知。單純的覺知讓你活在當下，讓現實復原和更新。

［第二部］

找到你的豐盛

瑜伽以幾乎沒有人料想到的方式應用在金錢方面，但如果更深入觀察，就會發現瑜伽把生命視為移動的意識。由於精神的豐富，因此意識不會像蒙著眼睛射飛鏢一樣隨意移動。達摩讓我們獲益，支持我們，它永遠在你身邊，遠遠超過金錢。我們可以用一個詞來簡化它：豐盛。如果你有足夠的金錢，你就會富裕，而如果你擁有豐盛，你就會感到滿足。這是瑜伽真正的目的。

心理學研究顯示，擁有足夠的金錢會使人感覺更好，但超過一定的程度之後，更多的金錢反而會降低人的幸福感。我們每個人不時都會問一個關鍵的問題：「這就是全部嗎？」這幾個字暗示了匱乏感和尚未實現的夢想。我們很困惑為什麼其他人擁有的東西比我們更多——更多的愛、更大的經濟保障、更多的信心和更偉大的成功。金錢只是很小的一個層面，你可能在事業生涯或人際關係中得不到滿足。在最糟糕的時候，你體驗到的痛苦可能比快樂還多。最糟糕的是空虛感。在我們最黑暗的時刻，這些感覺讓我們感到焦慮、怨恨，因為找不到答案而失落。

人們用各種方法來解決他們缺乏滿足的問題，包括幻想、自欺欺人、無止盡的消費、不斷地用各種消遣讓自己分心，和否定。物質富裕並不能解決問題。蓋洛普組織在衡量人們幸福感的全球計畫中，用了兩個指標——生存和繁榮。生存意味著你只是勉強維生；繁榮則表示你的人生進展順利。這兩個指標沒有客觀的標準；人們只根據自己的感受選擇其一。即使在最富裕、最發達國家，也只有約三分之一的受訪者告訴蓋洛普他們欣欣向榮。環顧世界，「窮人」的數量遠遠超過「富人」。

豐盛的態度

如果我描繪的景象正確——而且我認為大多數人會由其中看到自己，那麼人們對豐盛的需要就會很迫切。瑜伽把滿足感和豐盛的心態畫上等號，這和蓋洛普所測量的目標很接近。你不是擁有豐盛的心態（繁榮），就是抱持匱乏的態度（生存）。

在富裕的社會中，三分之二的人都抱著匱乏的態度，這是情緒和心理上的匱乏，與你銀行帳戶的存款多寡無關。如果不面對我們自己的匱乏態度，你我在塑造我們的自我意識時，就默默地自我限制。我們對自己的願望很謹慎，害怕超越我們的安全邊界和安心的舒適區。這些習慣實際上塑造了我們的身分。我認識一個人，他把一筆超過一百萬美元的意外之財揮霍一空。這個人聰明理智，個人財務一向處理得很好。在錢花光之後，他突然明白了。他告訴我說：「我認為自己的身價應該是年薪四萬美元，一百萬美元不是我的身分，所以我設法恢復了年薪四萬美元的處境。」

豐盛的態度會改變你的期望、你的行為，甚至你的身分。沒有滿足感，就沒有必要為你的生活增加更多的金錢和消費品。德州石油億萬富翁杭特（H. L. Hunt）以穿著鞋底有洞的舊鞋和潘尼百貨（JCPenney）的廉價西裝聞名——這些都是他早年在貧瘠東德州貧窮生活留下來的習慣。他從沒有得到豐盛的態度，而這正是我們故事真正開始之處。

測驗

你現在的位置

如果你今天開始讓你的生活更豐盛，你的起點就會和其他人不同。和你收入階層相當，或者高於或低於你的收入階層的人，對豐盛自有其內在的態度和信念。這些想法甚至在他們開始之前，就已經塑造了他們的努力將會產生的結果。

說明：對於以下每一項敘述，請勾選同意、無意見或不同意。相信你的第一個反應。如果你在同意或不同意方面猶豫不定，最好選擇其中之一，而不要選擇無意見。懷疑和再考慮往往會使問題變得模糊，而非變得更清楚。

第一部分：匱乏的態度

發財的人通常都很貪婪。

同意□ 無意見□ 不同意□

金錢是一切罪惡的淵藪。

同意□ 無意見□ 不同意□

當有人得時，其他人必然會失。

同意□ 無意見□ 不同意□

我比較會注意我的不足之處。

同意□無意見□ 不同意□

我無法實現我的目標，因為我記得我過去的失敗。

同意□無意見□ 不同意□

立下清貧誓願是崇高的。
同意□無意見□ 不同意□
我周圍的人應該多支持我。
同意□無意見□ 不同意□
如果你把期望設得太高，事情就會出錯。
同意□無意見□ 不同意□
在我內心深處並不覺得自己成功。
同意□無意見□ 不同意□
我不知道為什麼有些人會失敗，而有些人會成功。
同意□無意見□ 不同意□
除非你努力去爭取，否則你什麼也得不到。
同意□無意見□ 不同意□

壞人比好人更擅長遵守規章。

同意□無意見□ 不同意□

重要的是要保住你所擁有的。

同意□無意見□ 不同意□

第二部分：豐盛的態度

如果我為自己訂定一個目標，我相信我會實現它。

同意□無意見□ 不同意□

你確實可以創造自己的運氣。

同意□無意見□ 不同意□

只要你尋找機會，機會就在那裡。

同意□無意見□ 不同意□

我相信應該大方地使用我的時間、金錢和資源。

同意□無意見□ 不同意□

施予的態度對我很有幫助。

同意□無意見□ 不同意□

與大多數人相比，我可以很容易地忘記過去的失敗。

同意□無意見□ 不同意□

人性本善。

同意□無意見□ 不同意□

一切事物發生必有它的原因。

同意□無意見□ 不同意□

我的人生有個強烈的目的。

同意□無意見□ 不同意□

我的工作對我很有意義。

同意□無意見□ 不同意□

評估你的答案

這個測驗並沒有數字分數，但你依然可以了解你在豐盛方面的起點。對這項測驗兩部分的所有問題都有同意的答案，即使不是不可能，也很少見，因為它們問的是相反的態度。相反地，你會發現你以不同的比例勾選了同意和不同意。

如果在第一部分中，你同意的敘述達六個或以上，就表示你有匱乏的態度（你可能還對第二部分中的許多敘述選擇了「不同意」）。這顯示了許多事物，例如：

- 自我懷疑
- 自卑
- 懷疑的態度
- 悲觀主義

- 對過去失敗的記憶
- 既定的看法
- 戒備心
- 財務不安全

這些因素是關於你和你的信仰體系，而不是關於「外面的世界」。你較有可能採取適得其反的行動，並做出衝動的決定。在邁出第一步之前，你可能很難設定更高的目標而不感到挫敗。我不是在指責。遺憾的是，這個世界對獲得成功和豐盛不公平地設置了障礙。你無法改變世界，但你可以改變你自己設置的內心障礙。

如果你在第二部分中同意六個或更多的敘述，則表示你有豐盛的態度（你可能也對第一部分中的許多敘述勾選了「不同意」）。這顯示許多事物，例如：

- 自信心
- 樂觀
- 自我依賴

- 在挫折後繼續前進
- 強大的支持系統
- 接納他人
- 不帶偏見的態度

這些事物會給你內在的力量和面對障礙時的韌性。當你採取行動並做出關鍵決定時，你並不會自我打擊。與大多數人相比，你比較有可能情緒穩定，並且能夠看清情況。設定較高的目標不會讓你感到焦慮，或者有恐懼失敗的陰影。

如果你在上面任一部分中勾選無意見超過五次，或者如果你在這兩部分中勾選同意都超過五次，那麼你可能處於拒斥的狀態。這些測驗的敘述都清楚明確，如果你對其中的許多敘述都沒有意見，是不現實的。採取拒斥的態度雖是安全的立場，但也是一種限制。不入虎穴，焉得虎子。這既適用於我們的欲望、願望和夢想，也適用於我們承擔的風險。

如果你想要豐盛的態度，請由單純的覺知開始。正如我們之前所提到的（頁七一），單純的覺知是一種平靜、鎮定的心智狀態，讓你感覺專注和沒有煩憂。就其本身而言，單純的覺知只能達到前半部的圓滿，也就是不匱乏的感覺。下半部則取決於你的人生如何展開。你想要在工作、人際關係、家庭生活和精神的追求上得到滿足。

這就是意識發揮作用的地方。在單純的覺知中，你開始見到變化，向你個人證明達摩在支持你。除非你的生活真的發生了改變，否則精神上的豐富只是一個好的觀念而已。人是複雜的，沒有兩個人有相同的期望。即使如此，我們還是可以透過多種方式得到滿足。

如何得到滿足

- 你開始活在當下，忽略腦海裡不斷重複的一連串舊日恐懼、創傷、挫折和失望的聲音。
- 你消除了無意義和不必要的憂慮。
- 你行事慷慨，而不是自私。
- 你不再依賴別人的認可。

- 你不再害怕別人的反對。
- 你承擔自己情緒和反應的責任。
- 你放棄責備。
- 你讓你的創意本能浮現。
- 你發自內心地回應。
- 你停止尋找缺陷、問題和最壞的情境，而尋找美麗、愛和歡樂。
- 你練習欣賞、關注和接受。
- 你擁抱你內心的自我意識。
- 你創造自己的福祉。
- 你對需要幫助的人提供支持。
- 無論身在何處，你都盡力協助。
- 你停止抗拒，順其自然。

如你所見，豐盛的態度必須不僅僅是樂觀或正面思考；它比信念體系或信仰更深入。豐盛必須成為你認同的一部分，就如「我已足夠」這句話所表達的一樣。如果這是你的法則，那麼世界同時也就足夠了。

因為人類是複雜的，所以滿足有很多層面。日本人有一個稱作 Ikigai 的觀念，它的定義是「存在的理由」，源自日本傳統醫學。如果你能達到 **Ikigai**，你的人生就會圓滿。而要達到那裡，必須採取行動，追求四個主要的目標：

- 愛
- 你擅長的事物
- 負擔得起的生活方式
- 世界需要什麼

如果這四個目標沒有實現，豐盛就沒有價值。你不能像計算有多少花生醬、冷凍披薩和汽車那樣來計算愛，但我們都知道愛在空虛和滿足之間的區別。**Ikigai** 讓我們看到了如何建構有目的和有意義的生活。**Ikigai** 這個字本身可以追溯到西元八世紀，但這個觀念起源於沖繩島，時間不詳，它已經成為數百萬日本人日常生活的一部分。

Ikigai 有一個並不吸引西方社會的好處：它讓人人都有一致的意見，達成共識，把共同利益放在優先，個性是次要的。對於像日本人這樣循規蹈矩的民族而言，這一點很重要。不過把幸福歸因於由目標驅動的人生，或者把你的目標放在你熱切相信的事情上，並不是新觀念——這兩種想法都有數百年的歷史。

在印度有一種這個觀念的變體，直到今天，印度兒童仍然接受這種最古老的精神傳統，那就是人生的四個目標 Artha、Kama、Dharma 和 Moksha。

- Artha 是物質上的繁榮富足。
- Kama 是愛、歡樂和一般欲望的滿足。
- Dharma 是道德，找到正確的謀生方式。*
- Moksha 是透過解放或內在自由所得到的精神滿足。

這些字雖源出梵文，但不應誤導我們，以為這些只是印度的觀念。任何世代的孩子，包括我在內，之所以學習這四種價值觀，是因為它們具有普世的價值。這意味著任何人都可以實現這四個目標。此外，除非你注意每一個目標，否則人生就會扭曲。環顧四周，你會看到 Artha（物質繁榮）和 Kama（對欲望和享樂的追求）占據主導地位，而排斥人生中的道德和精神層面所造成的失衡。它們增添了豐盛的意義，人類不能長久忍受的不是貧窮，而是沒有意義的人生。

* 梵文的字詞有多種含義，dharma 也偶爾用來表示你謀生的方式。

印度和日本這兩種豐盛的生活模式是令人嚮往的；這句話大概沒有人會不同意。但它們可以實現嗎？如果僅以追求物質上的豐盛為目標，就會徹底失敗，原因如下：當我們說「金錢買不到快樂」時，問題不在於金錢，而在於買這個字。快樂是不能交易的，你不能為它訂個價錢，因為整套的商業制度，包括定價、購買、用商品換取服務、物有所值——在你追求內心的豐盛時，這一切都沒有意義。惟有當你由意義的層面行動時，生命才得以滿足。

然而，無數人都是基於商業的目的來建立新的關係，即使他們並沒有意識到這一點。由交易的角度來看，約會就牽涉到一份理想品質的清單，就像你在買新車時所用的清單一樣。這段關係是根據勾選方框的基礎而建立，以確保未來的情人有吸引力、事業有成、聰明、風趣、不大以自我為中心，並且願意關懷你。然而，即使所有這些方框都已經勾選，依舊無法顯示這段關係實際上會有意義。豐富、充實的關係，就像豐富、充實的生活一樣，來自於內心。

以滿足為優先

瑜伽包含了一個偉大的真理：我們所需要的一切都有充裕的供應。匱乏的態度與此背道而馳，因此歪曲了現實。在所有的生物中，人類獲得了大自然所提供的一切長處。我們這個物種幾乎可以吃任何食物，適應和生活在地球的任何地方，說不同的語言，從無窮無盡的想法中做出選擇，並且追求同樣無窮無盡的欲望。

「外在」的每一種豐盛都源於「內心」想法的種子。我們每一個人都活在創造性智慧的流動之中，把無形的欲望和夢想變成現實。毫無疑問，這一切是你與生俱來的權利，可惜的是，我們中有許多人不明白我們擁有創造美麗世界的內在力量。而且正如你將看到的，不發揮這一切才華已經嚴重影響了你的人生。這種缺陷迫切需要治療和轉變。

只看到有限的可能性會造成困難和痛苦，但是單單豐盛的態度本身可以讓你到達你想要去的目的地嗎？顯然不是。有現實生活需要應對——交通、天氣、全球健康問題、經濟的起伏——而且，對絕大多數人來說，日常生活看起來是這樣的：

理想

「現實生活」

期望

這個圖表很簡單，卻令人警覺。我們可以看到，我們所珍視的理想與「外在」世界實際上允許我們擁有的事物之間有個差距。「現實生活」值得加引號，因為每個人對現實生活到底是什麼，都有不同的觀念。顯然，生來貧窮而非富裕，是女生而非男生，是有色人種而非白人，是不一樣的。然而，無論你是誰，你都可能認為現實生活是差距的原因，也許不是唯一的原因，卻是主要的原因。

為了說明我的意思，下面列出了我們都見過的共同信念（前面已經提到了一些）。許多人會不假思索地在不同程度上接受這些信念。花點時間看看你漫不經心地（或許不僅僅是漫不經心）就相信哪些信念。

關於「現實生活」的共同信念

- 人生是不公平的。
- 一切都是憑運氣。
- 你必須委曲求全，遷就他人。
- 追求自己的利益——沒有其他人會為你這麼做。
- 沒有人有照顧你的義務。

- 來得快，去得快。
- 老百姓鬥不過官府。
- 每分鐘都有一個笨蛋誕生。
- 你不是天生的贏家，就是天生的輸家。
- 人生糟糕透了，然後你就死了。

以上列表可以下個標題：「降低期望的十種簡易方法」。我必須強調，這些信念助長了匱乏的態度。然而，即使明知這點，也很難擺脫它們的影響。一個矯正的方法是探究這些信念，揭露我們視為真理的錯誤教訓。讓我們更仔細地探討這些共同的信念。

人生是不公平的。

錯誤教訓：就本質而言，現實就是為了擊潰快樂而設。

一切都是憑運氣。

錯誤教訓：隨機的偶然掌控一切。它總是擊敗好人，獎勵壞人。

你必須委曲求全，遷就他人。

錯誤教訓：遷就他人是唯一安全的生活方式。

追求自己的利益——沒有其他人會為你這麼做。
錯誤教訓：自私應該是你的第一選擇。
沒有人有照顧你的義務。
錯誤教訓：沒有辛勞和奮鬥，就不會有好的結果。
來得快，去得快。
錯誤教訓：得到你想要的東西不會持久。
老百姓鬥不過官府。
錯誤教訓：權力總是戰勝正義。
每分鐘都有一個笨蛋誕生。
錯誤教訓：大多數人都是為了被利用而存在的。
你不是天生的贏家，就是天生的輸家。
錯誤教訓：命運不在我們手中。
人生糟糕透了，然後你就死了。
錯誤教訓：人生是苦海，除了滅絕之外一切都歸虛無。

我們全都習慣相信「現實生活」是為了阻礙我們為追求自己之所欲而設的。當不幸大規模地降臨時——透過戰爭、天災、經濟崩潰，或者像全球疫病大流行這種完全出乎意料的衝擊，這些事件會強化我們的信念，認為現實生活主宰了一切。隨著我們的期望受到重創，我們的理想也逐漸變成空中樓閣，一廂情願，和巨大的失望。

除了遵守規則繼續碰碰運氣，我們還能做什麼？瑜伽教導我們必須以一種新的方式來面對「現實生活」，必須有意識地擴大我們願意接受的可能性；否則自我施加的限制永遠不會自行消失。為了創造這種擴張，瑜伽依賴兩種事物：注意力和意念。

注意力定律認為，無論你把注意力放在什麼事物上，它都會成長。

意念定律則說，「外在」的世界服從你最深切的願望。

當你將這兩個定律放在一起時，結果在梵文中就稱為Sankalpa。Sankalpa常見的定義是發自內心的渴望、誓言，或行動的決心。然而，最好的理解是「微妙的意念」。在最微妙的時候，Sankalpa不需要言語。如果你有舉起手臂的意念，那麼這個意念就已足夠。如果你開始說話，你的意念會把許多要件都匯聚在一起：你的肺臟、聲帶、舌頭等的活動。除了這些身體部位之外，你想要說話的意念會產生字詞，而字詞取決於啟動你的記憶、詞彙，以及把一切串結在一起，使它有意義的能力。

毫無疑問，微妙的意念很驚人，只是我們視之為理所當然。然而如果仔細檢視就會發現，意念的力量會透過默默完成的事情展現出來。

- 欲望由隱形的世界轉移到可見的世界。
- 你的意念會自動與其實現相關聯。
- 每一種元素都無縫銜接。
- 自我組織會引導整個過程。

醫學研究人員可能得花一輩子的時間來了解語言的機制，由胸腔科醫師到神經科醫師以及介於兩者之間的每一個人，都可以提供意見。走錯一步，就會釀成大禍。但在日常生活中，我們只是讓 Sankalpa 照顧一切，而且它也以數千種方式做到了。意念為我們帶來了我們由人生中所獲得的一切。

關鍵就在於，移動你的手臂或開始說話是由「內心這裡」發生的，由身心內部。如果你想讓「外在那裡」的世界服從你的意願，任何稱職的精神科醫師都會為你擔憂。眾所周知，「魔力信念」（magical thinking，認為思考某件事情或希望它發生的信念可以使它發生）是妄想、思覺失調或想像力過度活躍的症狀——瑜伽除外。

瑜伽不區分「內在這裡」和「外在那裡」。你的意念有公平競爭的環境。你可以有舉起手臂的意念，或者認識未來可能會成為你一生摯愛者的意念。這兩種意念都可以透過 Sankalpa 組織，因此它實現了我們一直在尋找的東西，一種把「豐盛的態度」轉化為「實際的豐盛」的方法。

創造性智慧的流動是普世的——它會在任何地方發揮作用。你可以透過你的意念——也就是你的欲望，來引導它的流動。這些規則就瑜伽來說非常明確。

SANKALPA 的過程

- 保持單純的意識。
- 當你內心感到平靜安寧時，產生一個意念，也就是你希望看到的結果。
- 把那個意念敘述一次，然後靜坐幾分鐘。
- 放下那個意念，假設你會得到回應。
- 保持警覺，以開放的心態等待回應。

每一次你思考、說話或行動時，這些步驟都會發生，因為在身心發生任何事情之前，都需要一個意念，在體外進行 Sankalpa 也不會有什麼不同。然而，社會並沒有告訴我們：我們之所欲會對外在世界產生任何影響。每一個買彩券、參加競技運動，或者想要其他人也想要的事物的人都知道失望是什麼滋味。在零和遊戲中，只會有一個贏家。

瑜伽如何處理這個問題？透過更深入地了解達摩的運作方式。我們在正確的條件下會得到達摩的支持，在錯誤的條件下則會失去達摩的支持。

正確的條件

- 你有明確的意念。
- 你的內心沒有困惑或衝突。
- 你想要的是對你有益的東西；即最能讓你循序漸進的。
- 你不想傷害他人。
- 你希望每個人都得到最好的結果。
- 你在你的達摩之中。

其中一些條件非常合理，但其他條件似乎無法實現。你怎麼知道什麼對你來說是循序漸進的？你怎麼能預測哪個結果會對每個人都最好？懷疑論者可能會說這整件事都是耍花招——你獲得承諾，讓你的夢想成真，但後來諾言被收回，責任則推到你身上。

但這忽略了Sankalpa的力量，因為如果你的願望符合正確的條件，你的夢想就會成真。當你配合創造性智慧的流動時，外在的障礙就會消失。失望和挫折之所以發生，是因為出現了錯誤的條件。

錯誤的條件

- 你的意念很複雜。
- 你的意念只是一時興起或一時衝動。
- 你有的不是單純的覺知。
- 你想要的事物會傷害到別人。
- 你想要的東西離你的達摩太遙遠。
- 你干擾了這個過程，而沒有順其自然。

Sankalpa的神奇之處在於它會自動運行。你不必調查或干預，就像舉起手臂不需要你了解解剖學，也不需要吊起你的手臂來幫助你的肌肉一樣。俗語「冥冥中自有安排」採取了正確的態度，這是一種樂觀的信任。建立你的意念，順其自然，看看會有什麼結果。

Sankalpa 的主要障礙有兩個：注意力不集中和業力。注意力不集中意味著你忘記注意回應。幾乎每一次，意念都會透過一系列的步驟實現。如果你想要邂逅真愛，坐在電視機前等著他來按門鈴是行不通的。你必須注意下一步要做什麼。你真正的自我知道下一步該做什麼，它已經把你的 Sankalpa 與正確的結果聯繫起來。在你有明確的意念之後，總會有接下來會發生什麼的訊號，這可能是內心的訊號，比如產生偶然的欲望，想見見朋友要介紹給你的朋友。但更可能的是，你會繼續如常生活，只是在某種程度上，你會知道 Sankalpa 正在運轉它無形的齒輪。

第二個障礙——業力，是未知數。過去的模式可能會阻礙你想要的結果。我並不是說業力不可避免。正如我們先前所提（頁三二），金錢業力是可以改善的。在那裡推薦的步驟通常有效。關鍵是：業力絕非完全的障礙；它只會轉移你的期望。一個範例是跑馬拉松，只有一名選手能衝破終點線獲勝，但是其他選手可以體驗到跑完賽程的滿足感，改善他們先前的最佳成績，或者向自己證明一些事物。成就感讓每一個 Sankalpa 都值得。

在你當前的生活中，你真正珍惜的事物——愛的關係、美好的家庭、有價值和有回報的工作，以及享受這些事物的時間——都不是偶然發生的。它們源自於欲望和意念而成長。離真實的本性越近，意念的力量就越強。在你純粹覺知的源頭，這種力量會無限擴展。實際的經驗是越來越多的幸福。幸福的人生對每個人都是開放的，正如我們即將看到的，「追隨你的喜樂」在瑜伽中有深厚的根基。

[第三部]

創造性智慧的天賦

脈輪系統

如果你想要把你人生中的豐盛擴大到最大，就得每天都以更好的方式運用你的覺知。換言之，你需要演化發展。人類覺知有一個演化的流程，具體表現在創造性智慧中。瑜伽對此非常明確。創造性智慧有七種特質具有最高的演化價值。把這些特質視為創造性智慧的天賦，因為它們原本就是如此。

創造性智慧的七大天賦

- 喜樂
- 智力
- 創意表達
- 愛
- 成功的行動，自我賦權
- 感官享受、性欲
- 安全、保障

每一份天賦都有豐盛在內，精神的豐富再明顯不過了。如果你在這七個方面有所進步，你就會活出大多數人都不知道的豐盛願景。不用說，這些天賦代表有價值的事物。誰不想感到喜樂，而非悲苦？做出更明智的抉擇，採取更有效的行動，其益處不言而喻。不幸的是，出於各種原因，人生並沒有圍繞這些天賦安排，而在諸多原因中，第一個就是我們無法在自己的心智之中，找到確定的方向。

每一天，我們每一個人都沉浸在源源不斷的思緒、感覺、欲望、感情、希望和憂慮中。對於大多數人來說，意識之流太多了。沒有人告訴他們：他們有無窮的潛力，這是瑜伽教義的基礎。如果你在自己的生活中看到無限多的可能性，你會癱瘓，就像有些作家看到白紙會癱瘓一樣。假設你有相當多的字彙，在一萬到兩萬個單字之間，那麼你在一張紙或用 Word 檔案中鍵入的第一個單字，就會要求你說明你為什麼沒有做出其他一萬到兩萬個字的選擇。

在一切都有可能時，就不可能選擇。換句話說，限制人們選擇非常有用。市場研究人員把麥當勞的成功歸功於這一原因。幾十年來麥當勞菜單的核心就只有一個東西——漢堡，添加一些無關緊要的選擇，比如加或不加番茄醬、加或不加洋蔥、要大麥克還是四盎司牛肉堡。有選擇權會讓人們感到一切盡在掌控之中，即使我們日常的大多數選擇都微不足道。

但是，把你的選擇減少到可管理的少數項目，卻與豐盛的態度恰恰相反。少並不是多。瑜伽藉著一個強大的教義，把我們由這種困境中解救出來：創造性智慧會為你安排一切。它不是像水從花園水管中湧出或者流下溪谷那般，只是流過你的心智。心智表面思想的隨機發揮毫無秩序並且難以預測，但如果你配合創造性智慧，它就會毫不費力地由比頭腦表面更深的層次組織思想、言語和行動。

七個脈輪

創造性智慧遵循一條展現其七種特質的道路。瑜伽的傳統提供了七個脈輪的流程圖，脈輪（Chakras）一字取自梵文，意思是輪子或圓圈。脈輪沿著脊柱排列，但它們存在於覺知中，並非你身體構造的一部分。左頁是圖示。

瑜伽描繪了創造性智慧在你體內的流動，由上而下，在每個脈輪表達不同的特質。

- 頂輪：喜樂
- 眉心輪或三眼輪：智慧
- 喉輪：自我表達

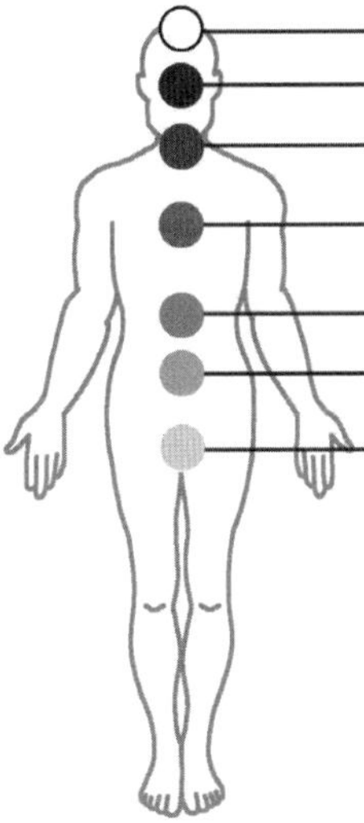

•心輪：愛

•太陽神經叢脈輪：成功的行動，自我賦權

•臍輪：性的歡愉、感性

•海底輪：安全、保障

你可以藉著兩種方法使用這七個脈輪。第一種方法是加強與脈輪相關的每一種特質。例如，冥想頂輪可以增強幸福，而冥想心輪可以增強所有的情感，尤其是愛。如果你想要內在的安全感和保障，冥想海底輪就很合適，因為它在實體世界中建立覺知。

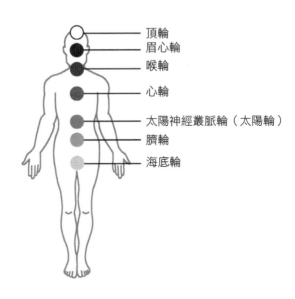

基本的脈輪冥想

如果你想加強創造性智慧的任一特質，那麼它們每一個都有特定的梵咒。它們雖很簡單，但源自深層的來源——先知或聖哲在專注於各個脈輪時聽到了這些聲音。

頂輪：So hum（發音為 so hum），或單純的覺知

眉心輪／三眼輪：Om（發音為 ohm）

喉輪：Ham（發音為 hum）

心輪：Yam（發音為 yum）

太陽神經叢脈輪：Ram（發音為 rahm）

臍輪：Vam（發音為 vum）

海底輪：Lam（發音為 lum）

這些所謂的種子咒語（seed mantra）是每個脈輪以聲音為形式的基本振動——有時有一般的意義（例如 So hum 在梵文中的意思是「我是」），但這並非這些咒語的用意。一般的解釋是重複這些咒語可以平衡每個脈

輪表現的能量。對這些問題，你不必接受任何信念，因為已經有數以千計的研究證實了咒語冥想的價值。

如何冥想

選擇你想用來冥想的任何咒語，下面是基本的方法。

- 在一天中找一個安靜的時間，通常最好的時間是早上或下午。
- 靜靜地坐著，背部挺直，雙手放在膝上。（你不必採傳統的蓮花坐姿，但不要向後傾斜或懶洋洋地倚靠著。可以用任何你覺得舒服的方式坐直。）
- 閉上眼睛，深呼吸幾次，直到你覺得內心平靜下來。
- 把注意力放在你選擇的咒語所在的位置。

頂輪：頭頂

眉心輪／三眼輪：前額中點，略高於眼睛

喉輪：喉嚨中間，或喉頭

心輪：胸部中心

太陽神經叢脈輪：在肚臍和胸腔底部之間

臍輪：恥骨骨盆上方兩英寸（約六公分）
海底輪：脊柱的底部

- 默念咒語並規律地重複，但不要用固定的節奏，只需以自在的方式輕鬆地重複咒語，如果你發現自己因其他的思緒或感覺分心，就再度恢復專心。（注意：對於頂輪，你可以不用咒語，並保持單純的覺知。）用咒語冥想十至二十分鐘。然後閉上眼睛靜坐幾分鐘，最好躺下休息幾分鐘，但如果你沒有時間，就靜靜地坐著，退出冥想狀態，然後再回到你的日常活動。

這種基本的冥想技巧是達到更深層次覺知最有效的方法之一。不要強迫自己專注於脈輪；不要試圖專心。你想要的是相反的狀態，運用心智尋求其源頭的自然傾向，而達到從容自在的冥想。

有意念的冥想

你也可以冥想脈輪所表達創造性智慧的特質。這是針對欲望或意念的冥想，而不是振動。我稱呼它們為「定心思想」，因為它們會把你的注意力帶到意念最有效的安靜中心。

頂輪：「我是」或「我是純粹的存在」。

眉心輪／三眼輪：「我知道」或「我即是知」。

喉輪：「我可以自由表達」或「我說出我的真理」。

心輪：「我是愛」或「我散發愛」。

太陽神經叢脈輪：「我在我的力量之中」或「我在賦予力量」。

臍輪：「我是感性的」或「我擁抱欲望」。

海底輪：「我總是安全而有保障」或「我完全腳踏實地」。

有意念的冥想意味著你認同這個想法並且完全相信它，這和咒語冥想不同。當然，這不會光是藉由重複而發生。這種方法比較靠直覺，如下所述：

- 靜靜地坐著，閉上眼睛，像咒語冥想所描述的那樣集中注意力。
- 選擇一個定心思想，並默默地對自己說一次，只要一次即可。
- 讓它的意義在你的意識中沉澱下來，並注意接下來會發生什麼。你可能會聽到一些字，想起一段回憶，或者感受到一種感覺。除了注意它，並讓它起伏升沉之外，你不必對這個回應做任何事。

- 再次重複集中思想，只需一次。等待下一個回應，無論是什麼樣的回應都好。持續十至二十分鐘。
- 靜坐幾分鐘或躺下，如咒語冥想所述。

你會注意到，在你冥想你選擇的意念時，各種各樣的事情都會發生。把這些回應想成洋蔥一層一層的皮，每一層都把你和洋蔥的心隔開，必須剝去它們，洋蔥的心才會露出來。

單純的覺知會融化這些遮蔽物或分離層。假設你正在冥想「我就是愛」。你向自己說這句話，而每一次你都會得到一個新的回應，例如：

你有「我不是愛」的念頭，這是一種形式的抗拒。

你的注意力會轉移到你的心上，讓你感覺良好，中性，或者不大好。

你想起你的初戀，或者想起第一次和戀人分手。

這些回應讓你無法真正相信「我就是愛」。不要為它們而糾結，它們會消失為靜默，而在它們消失時，你就會越來越深地受寂靜所吸引。到某個時刻你會想「我就是愛」，這將是完全可信的。感覺就像真實的你，或者你真實的本性。

不要期望第一次或每一次冥想都能達到目標。你的潛意識心智是動態多變的，它有各種各樣的反應，但你不必顧慮這點。你正在用定心思想更深入地安頓在單純的覺知中，而且當你這樣做時，就會感受到真實自我的存在。它以一種微妙的磁力吸引你，在梵文中稱為Swarupa，即做真實自我的魅力。

你的真實自我在你的一生中都發揮了這種微妙的吸引力，你也會瞥見在定心思想中提到的特質。我們都有過極度平靜或強烈的愛的時刻，一種歸屬感和徹底安全的感受。運用脈輪系統，你可以加強與真實自我的聯繫。創造性智慧的每一種特質都會擴展，並成為你的一部分。

冥想是脈輪的第一個重要用途，第二個則是演進發展，或內在成長。隨著一天的展開，你尋求在活動中使用創造性智慧。這條路運用了意識的一個關鍵層面：它本質上是演化的。它要擴展、進步、深化，並尋找新的方式來表達自己。在其他生物中，演化主要是生理上的，而適應則狹隘地集中在生存、尋找足夠的食物和交配上。

只有智人的演化是無限的。我們選擇自己的演化路徑，一次一個人。這些好處可能會集體傳播，就像電力和內燃機現在主宰了世界各地的生活一樣。但這些物質產品始於意識。瑜伽的說法是，新發明需要創造性智慧的某些特質，尤其是一個聰明的念頭或靈光乍現（第六脈輪，智慧中心），對發現的興奮感（第四脈輪，感情的中心），以及實現發明所需的行動（第三脈輪，強大行動力的中心）。

創造性智慧的每一種特質都包含變得更強大、以意想不到的方式自我更新，以及把你帶入你想要成長領域的可能性。創造性智慧的流動毫不費力地使這一切成為可能。你遵循意識在其內在展開的自然過程。

在接下來的章節中，我會詳細介紹每個脈輪演化發展的可能。無限的可能不再會讓你不知所措，你也不需要再把你的前景減少為只有少數可以管理的體驗。豐盛的願景應該建立在無限的可能性之上，脈輪系統可以組織人生的各個層面，實現持久的滿足，所以讓我們開始吧。

第七脈輪——喜樂之源

第七脈輪

位置：頭頂　**主題：**幸福

理想的特質：喜樂、喜悅、狂喜；一體；完整

頂輪是喜樂的中心，梵文稱之為阿南達（Ananda）。當你讓頂輪活躍之時，就和喜樂的根源相連結。瑜伽的傳統教導我們，意識本身就是喜樂，你不需要美麗的夕陽、和嬰兒玩耍、吃松露巧克力這些外來的刺激來觸發喜樂，這樣的歡喜來來去去，時有時無，但你和喜樂在根源的連結是持續的，而且恆久存在。唯一的條件是：你必須存在。

既然我們已經存在人世，那麼頂輪有什麼意義呢？就瑜伽的觀點，這裡是人死亡時靈魂離去之處，也是瑜伽修行者開悟時解脫的地方。那不是死亡，而是一種離

開，超越肉身，進入並與純粹的覺知融合。在你開悟時，你與存在合而為一，或者用通俗的說法，「我是」去掉了「我」，只剩下「是」。

短暫的喜悅和幸福的時刻不足以讓你真正地了解阿南達。每一個造化的過程，包括你身體的細胞、環境、億萬種微生物，甚至原子分子的振動，都是阿南達的表現。然而儘管它有宇宙的規模，但我們必須由這裡，由根源開始。在日常生活中，阿南達與下列相關：

靈感
精神衝動，追尋
精神飽滿，活力充沛的感覺
覺醒
超越
存在之輕

綜合起來，這些就是性靈的基礎。瑜伽由喜樂意識而非上帝和宗教信仰的角度來解釋性靈。讓頂輪活躍，並體驗到喜樂流入你的覺知，再沒有比這更具發展性的了。

阿南達在西方是個外來的陌生觀念。在現代印度，這個詞沒有多大意義，儘管很多人都知道「在—覺—樂」（Sat Chit Ananda）的組成，翻譯出來就是「永恆的喜樂意識」。這是創造的基本「內容」，並不是由「上帝創造的第一天」開始，而是從阿南達的無限創造力中迸發出的純粹覺知。把阿南達放在創造的核心，作為一種宇宙的振動力（根據現代物理學，這與產生宇宙的振動量子場並無太大差別）並不能真正地幫助一般人，但是阿南達卻得到了幸運的突破，打開了我們透過七脈輪旅程通往頂輪的道路。

「跟隨你的喜樂」

著名的神話學者喬瑟夫．坎伯（Joseph Campbell）雖然並沒有用阿南達這個詞，但另以適當的形式，把這個觀念帶到西方。他創造了一個家喻戶曉的句子：「跟隨你的喜樂」（Follow your bliss）。坎伯用這幾個字找到了新的方法，在意識層面激勵大家，但人們甚至不知道他用的其實是意識的觀念。（一九八八年，公共電視主持人比爾．莫耶斯〔Bill Moyers〕訪問坎伯，讓「跟隨你的喜樂」這句話爆紅。你可以搜尋 Joseph Campbell Bliss，在 YouTube 上觀看這段訪問。）

坎伯提出一個願景，與成功關鍵的觀念在於努力工作、堅持不懈和埋頭苦幹截然不同。正如他所解釋的：「跟隨你的喜樂，不要害怕，門會在你意想不到的地方打開。」

坎伯提倡喜樂人生，有深入的精神根源。他相信這些根源存在於每個人的內心，其中隱藏著一個祕密。如果你多讀一點他的說明，這一點就會很清楚。「如果你真的追隨你的喜樂，你就會讓自己走上一條一直在那裡等著你的軌道上。」換句話說，喜樂可以讓你在沒有危險、不受風險的情況下踏入未知。看不見的盟友會冒出來幫助你。用坎伯的話來說，當「你應該過的生活就是你現在正在過的生活」之時，就會有巨大的轉變發生。

暫停一下，問問自己：「我應該過什麼樣的生活？」幾乎人人都會說出別人教導他們的二手答案。挑出「應該」這個詞。我們全都來自形成性（formative，發展性）的背景。有些人受到嚴格教養的影響，認為「應該」就是盡職盡責、遵守規則、堅持道德價值。活在信仰虔誠時代的人會認為「應該」意味著遵守上帝的律法。無憂無慮的孩子無拘無束地玩耍和歡笑，因此對他來說，「應該」就意味著做自己想做的任何事，或者做任何你能逃避責任的事，直到父母責罵干預為止。因此我們各自以自己的方式，對我們應該過的生活有先入為主的觀念，我們遵循的榜樣是由家庭和社會、英雄和楷模所傳承下來的。

此外，追隨你的喜樂甚至可能是不可取的。你是否應該辭去會計師、辦公室經理或業務員的工作，立即投入歌劇、繪畫或栽種玫瑰，因為那才是你真正熱愛的事情？如果人人都只做自己喜歡的事情，正常的生活就會被打亂。不過大多數人就是這樣解讀坎伯的解釋。

到頭來，「跟隨你的喜樂」這句話需要澄清，才能消除混淆和矛盾。而「遵循你的達摩」雖不那麼動聽易記，但它涵蓋了更多坎伯想要闡述的意思。儘管我們在這本書中已經說了很多，但關於喜樂的意識如何使愛、創造力、智慧和其他流經脈輪的價值成為可能，還有更多需要說明之處。喜樂的時刻告訴你，你可以感到幸福，但它們無法告訴你，你的根源在於喜樂的意識。

「我已足夠」

瑜伽對人生的觀點是基於意識，而意識只有兩種狀態，它可以活動，也可以不活動。如果愛因斯坦在思考相對論，莫札特在譜寫交響樂，或者莎士比亞在創作十四行詩，那麼意識就是在活動。這種狀態大家都很熟悉。但是想想愛因斯坦、莫札特和莎士比亞小睡的情景，這時意識不活動了。但這種明顯的停滯，即心智中什麼也沒有發生，並不會改變他們的本性。沉睡的天才仍然是天才，所有的潛力都還存在，只是還沒有被啟動而已。

這個簡單的例子其實攸關緊要。如果你檢視自己和你人生進行的狀況，就會發現對你而言最有價值的事物已經分成了幾個部分——你只有這麼多的愛、智慧、創造力、成功等等，數量有限，你所獲得的一切都是在你的意識活動時發生的。但是意識中不動的那一層面才是你的根源，而且它一無止境。喜樂覺知不是處於靜止狀態的體驗，而是像一個寶庫，你可以由其中汲取愛、智慧、創造力等等。

你不必是天才，也能取用這個無限的寶庫——但你必須知道它存在。換個比喻，如果你需要一輛新車，但銀行帳戶存款很少，那麼你的選擇就很有限；但如果你有數百萬元的存款，選擇範圍就會大得多。基於各種原因，你最後買的車款可能會和存款比你少得多的人一樣，是經濟車型，但是知道你有很多存款備用，就會讓你有截然不同的想法。如果你在銀行的資金非常充足，在你的心智深處，你就會知道你有足夠的金錢，這與知道自己缺錢的人大不相同。

現在讓我們把它轉化為你現在的情況。把你可能在想、在感受、在說或做的一切都放在一旁。在你的覺知靜止不動的層面上，你只可能覺得「我已足夠」，或者覺得「我還不夠」。這其間的不同在於你與根源的聯繫，這就是頂輪如此重要的原因，因為它是建立聯繫的地方。在喜樂意識進入活躍的心智之前，它會把將你確立為完整的整體，表現在「我已足夠」的靜默知識之中。

著名的南印度大師尼薩加達塔·馬哈拉吉（Nisargadatta Maharaj）用比喻的方式說明了這點。一名弟子問尼薩加達塔如何知道自己已經開悟，他答道：「我就像麵粉。麵粉可以做出各種各樣的東西——麵包、麵條、各種烘焙食品。但我並不是那些食品，我就是麵粉本身，無論我的心在做什麼，我都確信我是純粹的意識。」在印度聖典《薄伽梵歌》（*Bhagavad Gita*）中，克里希納勛爵（Lord Krishna）也表達了同樣的看法，他並非以開悟者或神的身分，而是以真實本性的身分說話：「它不能被武器切割、被火焚燒、被水弄濕或被空氣吹乾。」

這些是完整性的比喻，完整不會受變化的影響。瑜伽教導我們，完整不是我們所能追求的。你可以改變你的飲食，讓它包含完整的食物；你可以把你的醫師更換為整合（holistic）醫學的醫師。但是你無法改變自己以求完整。你已經完整了，只是還沒有意識到。在《薄伽梵歌》中，克里希納用一句名言來定義智慧：「我是田野，也是田野的知者。」

「田野」可以有許多含義，可能是戰場（克里希納在戰鬥前夕對戰士阿爾諸那〔Arjuna〕的建議），也可能是量子場，其振動和漣漪產生了物理宇宙。你可以了解任何領域，成為「那個領域的知者」。但是在你可以說「我的領域是意識」時，至高無上的知識才會來臨。唯有在那時，你才是實相本身的知者。

所有這些理解都被壓縮成「我已足夠」，這是豐盛最終極的表現。在意識活動之前，你把意識置於其純淨、不動的狀態。

「我還不夠」

如果你反其道而行，依賴活躍的頭腦和它所產生的一切——思考、感受、說話和行事，你就永遠不會知道完整是什麼感覺。你的人生會成為一個故事，充滿了好和壞的事件、好和壞的回憶、好和壞的衝動。建構故事是人人都在做的事，它自然而然地出現在自我人格中，專注在「我，自己，和我的」。如果你很幸運，並且做了正確的選擇，那麼到目前為止你可能會對你的故事感到滿意。在一開始占有優勢是有幫助的，比如身為白人、男性、家境富有、生活在繁榮的社會中。

但無論你的故事多麼美好，都將以你的自我所設計的計畫為基礎，這個計畫來自於幾個熟悉的動機：

自我的私心

- 得到更多你想要的。
- 在別人眼中看起來很好。
- 隱藏你有罪的一面。
- 掩蓋舊傷。
- 不要重蹈覆轍。
- 保護自己避免受到可能的威脅。
- 與家人和朋友建立親密的圈子，同時排除其他人。
- 永遠不要直視你最深的恐懼，包括對死亡的恐懼。

總而言之，自我的計畫是基於「我還不夠」，與意識的無限寶庫沒有任何聯繫，而是有源源不斷的非此即彼的選擇：

- 我要不是喜歡它，就是它讓我厭煩。
- 我要不是想要它，就是不想要它。
- 它要不是適合我的生活方式，就是不適合。

- 它要不是能改善我的自我形象，就是讓我看起來很糟糕。

這種對待生活的方式似乎自然而然，而且也是正確的生活方式：藉由最佳選擇，創造出最好的故事。廣告商匯聚的紐約麥迪遜大道（Madison Avenue）之所以能欣欣向榮，就是因為各廣告公司藉著向消費者提供各種選擇，讓我們以為更新、更好和最好的產品——洗髮精、吸塵器、冷凍比薩或豪華汽車等等，提升我們的自我形象。

然而，自我的計畫會產生強烈的逆流，因而導致無數的人無論多麼努力，依然感到挫折不滿。「我還不夠」這種揮之不去的感受就是逆流，但幾乎沒有人願意由自我的計畫走出來，原因可以追溯到非常普遍的理性解釋：

- 我不想與眾不同。
- 事情一定會變得更好——它們總是這樣。
- 我只是需要更加自律。
- 我只是需要更加努力工作。
- 我拒絕承認失敗。

這些來自自我的耳語拘束著你，它們用各種方式限制每一個人，即使是極少數的名流，如好萊塢、搖滾樂和華爾街的明星，以及出現在《人物》（*People*）雜誌封面上的人都一樣。

啟動頂輪

大多數通情達理的人一旦明白了自我私心中的暗流，都會希望能得到解決方法。根據瑜伽的觀點，解決方法就是啟動頂輪，因為它會把你連結到喜樂意識的寶庫。下面是不僅可用於頂輪，而且也適用於每一個脈輪的概括做法：

- 保持單純的覺知。當你發現自己「不是」之時，請花幾分鐘讓自己集中注意力。
- 冥想咒語 So hum（頁一一四）。
- 冥想中心思想「我是」或「我是純粹的存在」（頁一一七）。

其他的步驟則更具體地以啟動頂輪為目標。因為這個脈輪是喜樂意識的中心，所以你用來啟動它的步驟也是。思考下列的建議，首先採納你覺得最自在的建議做法。

喜樂覺知是慷慨的，所以在你自己的生活中，抓住每一個表現慷慨的機會。精神的慷慨比花錢大方更重要，當你在精神上慷慨時，就會表現出對每個人的尊重。你支持他們最好的衝動，而不批評他們最壞的衝動。你仁慈親切，富有同情心。你會盡可能敞開心扉，協助對方感覺受接納。

喜樂意識就是**施予**，所以要抓住每一個機會把自己施予別人。自我的私心是以收取為重，這只會強化「我還不夠」的態度。你以豐盛滿溢的感覺施予。正如瑜伽的譬喻：你就像一棵結滿果實的樹木，樹枝向地面彎曲，讓每個人都可以採摘果實。你所能施予最有價值的事物，就是全神貫注，但你可以施予欣賞和接受，而這兩者也有自己的回報。

喜樂意識是啟發，所以你該找出一個啟發的泉源，每天都去接觸它。它可以是激勵人心的詩歌或音樂、宗教傳統的經文，或者傾聽你內心的靈感以創造美麗的事物。找到需要啟發的人，並盡你所能提升他們，有很大的價值。

呼吸練習

瑜伽指定了許多種的控制呼吸，這些呼吸溝通常是哈達瑜伽課程的一部分。下面介紹一個同時使用呼吸和視覺的簡單練習，它的目的是看和感受喜樂心識在你身上行進時的路徑。

- 在安靜的地方坐正，閉上眼睛。
- 自然呼吸。在你吸氣時，看到白光由你的心移動，穿出你的頭頂。當你呼氣時，看到白光從你的身體下降到你的腳底。
- 不要強迫自己以固定的節奏呼吸，如果你在呼吸時忘記了想像，也沒有關係。
- 持續五分鐘，然後以單純的意識安靜地坐著。

第六脈輪——最高智力

第六脈輪

位置：前額／第三隻眼　**主題：**智力

理想的特質：知性；洞察力；直覺；想像力

第六脈輪的主題是智力，是智人無與倫比的成就。這是喜樂意識以其持續不斷的思想、覺知、理性和智力之流，把自己轉化為心智的象徵場所。在現代世界，這些功能創造了無止境的技術和科學突破，但同樣的理智力量卻也轉變為以邪惡破壞為主的創造力。

人運用理智創造出導致大規模死亡的核子武器、生化武器和日益複雜的方法，因此理智成為造成恐怖的原因，我們似乎永遠無法逃脫。對於設計和使用武器的人而言，每一種新武器似乎都合情合理。面對這樣的現實，瑜伽最基本的原則遭到了

背叛：演化——亦即意識的進步，是每一個人都該走的軌道。如果成功是由喜樂來衡量，那麼理智的破壞層豈不就是向後的倒退？採取完全合理的行動不僅僅製造了現代戰爭的恐怖，化石燃料和內燃機的使用是進步的巨大成功，直到它們對環境造成的破壞被悲慘地揭露出來。

為了啟動第六脈輪，「智力」必須包括透過直覺、洞察力和想像力進行更細膩微妙的思維工作方式。瑜伽比較重視的是它們而非理性，因為在完全合理的想法可能具有破壞性時，你的心智必然會告訴你。我們可以很容易地以個人層面來闡釋這點：任何在戀愛對象中做了錯誤選擇的人通常都會悲嘆說，「要是我能看出他的真面目」或「她告訴我她想分手時，我措手不及」。如果由一開始就對這種關係有所直覺，對問題就能有所幫助。如果你與達摩相連結，就沒有思量個人問題（包括人際關係）的必要。創造性智慧有一種特質，能夠由你的內在引導你，這就是以第六脈輪為中心的「知」。

如果啟動這個脈輪，你就打開了「第三隻眼」，它指的是這些較微妙的力量（但並沒有實體的第三隻眼）。人們往往認為直覺是真的，但在瑜伽中，信念不是重點，重點在於你是否可以相信在你心中閃現的直覺、預感和本能——這些都是不易察覺的心理衝動，完全理性的人（如他們自認為的）對此抱著懷疑的態度。

有些人非常相信自己的直覺，所以他們會伸出自己的天線，尋找大多數人沒有意識到的跡象。（甚至有個描述性的名稱用來形容高度直覺的人：「神經過敏」。）然而一般說來，依靠心智微妙力量的人已經急劇減少。比起相信神諭、視夢境為預言，或感受到來自聖人和聖物神聖存在的古代文化，現代人相去甚遠。偉大的文明是藉著這種把人類與永恆聯繫在一起的世界觀的力量而興起。

顯然，回歸之路並不是要放棄我們自己的現代世界觀，而是要擴展實相。如果你認為理智是最重要的人生指南，就像科學家所認為的那樣，那麼它對你就是真實存在，而且會不斷增長；如果你相信直覺和理性一樣重要，它對你來說就是真實的，並且也會增長。理想的情況是在你的生活中同時擁有這兩個層面。的確，根據神經學，我們的大腦若非右側就是左側占主導地位，因此人們稱為「左腦人」（這種人理性，擅長解決問題，重視邏輯）和「右腦人」（充滿創造力、直覺，有藝術才華）。不過大腦的兩個半球其實是相輔相成，互相配合。

瑜伽是一種全腦的方法，或者更準確地說，是一種全心智的方法。直覺並不是藉著排除或忽視理性而來，而是透過尋覓更微妙的心智層次而獲得的。畢竟，數學家可能很有創造力——在高等數學中，如果有人想出以前沒有人見過的解題方法時，稱他有創造力就是最高的讚美。你也可以擁有音樂的心智，就像巴哈（Johann Sebastian Bach）一樣，在以複雜的對位方式組織音符這方面，他的心智無人能及。

全腦調查

創造性的智慧培養了整個心智，但隨著時間的推移，我們全都會發展出自己的癖好，演變成一種思維方式。我們可能會認為自己邏輯理性，在這種情況下，藝術家和「創意類型」就與我們截然不同，因此我們可能會對他們抱著懷疑的態度。而另一個方向的思維方式傾向於完全直覺，可能會讓你天馬行空，讓「左腦類型」對你毫無用處。

只是思維方式很少能這麼簡單呆板地區分，要了解你思維方式的傾向，請在以下每個適用於你的敘述上打勾。

邏輯／理性思維

——我按部就班地處理工作。
——我保持我的工作空間整齊清潔。
——我閱讀有關科學、技術、醫學或金融的文章。
——我擅長修理房屋內外的物品。
——我很樂意輔導小學生的數學。
——我在大學裡學過物理、化學或數學。

____我喜歡拼圖和益智遊戲。

____我相信科學是解決難題的最好方法。

____我相信解決氣候危機需要科技。

____我認為科學家有朝一日會創造出與人類智慧相當的智慧電腦。

____我認為意識的關鍵在於大腦。

____在我個人的關係中，我是比較理性的一方。

得分：（0—12）

直覺／創造性思維

____我認為自己很有創造力。

____我對人們的真面目有很敏銳的直覺。

____我會自己發明食譜，而不是遵照他人的作法。

____我可以畫畫、跳舞或演奏樂器。

____一走進房間，我就能感受到房間裡的氣氛。

____我對其他人的情緒感覺很敏銳。

____我絕對反對暴力。

——我會衝動購物，但不會後悔。
——我是個溫情的父母。
——我閱讀有關藝術的文章。
——我受到詩歌或宗教經文的啟發。
——我有孩子氣的一面。
得分：（0—12）

評估你的分數

如果你的分數嚴重偏向邏輯／理性或直覺／創意，就說明你有很強的思維方式。人一旦陷入一種思維方式，往往就會堅持下去，而你的行為也會有朝著那個方向發展的強烈趨勢。這兩部分最高分都是12，如果你接近最高分數，就表明你認同自己的思維方式，它就是你對所有實際目的的世界觀。如果你在另一部分的分數是4分或更低，你就可能會忽視或無法容忍與你的思維方式相反的人。

如果你在這兩個部分的分數相當平衡，那麼你並沒有強烈地依附於你的思維方式。你為邏輯、秩序和方法讓出了位子，但你也為直覺、創造力和靈感騰出了空間。

如果你在兩個部分都獲得9分或更高的分數，那麼你確實鳳毛麟角。你並沒有固守一種思維方式，而是結合了理性和直覺的精華。在瑜伽中，你會被視為非常適應創造性智慧的流動，它可以滋養心靈的兩面。

如果在這兩個部分得分都在5分或以下，你就可能抗拒被問到這些問題，要不然就是過於匆忙，而無法徹底反省它們。

繞過你的思維方式

執著於自己的思維方式可能有很大的益處。如果你的思維方式是理性／邏輯的，就會特別著重科學和科技，使你井然有序、條理分明，並可能引導你得到滿意的職業生涯，如會計師、技師、經理和其他許多人們可能會說運用「左腦」的工作。如果你具有很強的直覺／創造力，你就會在藝術或任何創意領域中有良好的表現，比如烹飪和裝飾。你會對讓你可以自由地表達自己、遵循你的直覺，和與他人建立情感聯繫的生活方式感到滿意。

然而，瑜伽是關於擺脫你的思維方式。強烈的思維方式朝一方傾斜而不平衡，但問題不在這裡。重點在於對創造性智慧的流動抱持開放的態度，特點是開放、靈活，不拘泥於固定信念的思維，能夠藉由美、愛、好奇心、發現和洞察力不斷更新。換句話說，你的覺知狀態比任何思維方式都重要得多，無論這種思維方式多麼成功。

瑜伽教導我們，覺知不會放棄任何事物。理性不會被直覺削弱；直覺不會因理性而受損。你的目標應該是完整的心智，這是對智力最真實、最好的定義。

為了擺脫你的思維方式，在讀完本書後，你會熟悉某些步驟。保持單純的覺知。每當你感到壓力或分心時，花點時間找出自己的中心，選擇有助於成功的行為（參見「我們如何以正確的方法賺錢」，頁六四），而非不利於成功的行為（參見「錯誤的賺錢方法」，頁六一）。但是僅靠這些步驟並不能使你看到擺脫思維方式的價值，而我們必須先做到這一點。

賦予你心智最終極力量的，是它對原始經驗賦予了意義。比如，想想紅這個顏色，它意味了什麼？就它本身而言，什麼也沒有，因為紅色只是一種光的波長，它恰好在眼睛後部的視網膜細胞上產生了特定的振動。但是只要心智開始發揮它的魔力，紅色就會成為各種事物的象徵：激情、憤怒、鮮血、危險、在紅綠燈或停車標誌前停車的訊息。「I see red」（字面上的意思是我看到紅色）這個英文片語的意思是勃然大怒，但畫著紅心的情人卡卻是愛的標記，而且在天主教的象徵中，耶穌流血的心代表著同情憐憫和巨大的痛苦。同樣地，所有生命的素材——你看到的、聽到的、觸摸到的、嘗到的和聞到的一切，因為你的心智賦予它意義，而有了意義。

在你為原始經驗賦予意義之後，你會自動為它賦予價值。例如你會知道自己會不會買紅色的汽車或穿紅色的洋裝。藉由你在這一生中為你的經驗分配價值，讓你發展出自己的思維方式。你經歷了許多年和成千上萬不同的經驗，才創造出你自己的思維模式，可以一直追溯到童年早期。固定的思維模式很難改變，尤其是在你有過強烈的情緒—心理經驗時。

最近我對這點有強烈的體會。朋友向我談起他住在法國的友人珍妮的事，她是巴黎市郊的教師，非常聰明能幹。她思想開明，通情達理，只是有個盲點：穆斯林。珍妮對任何關於穆斯林的負面報導都非常注意，尤其是移民到法國的穆斯林。

在我收到幾封珍妮談穆斯林有多壞的憤怒電郵之後，我盡可能禮貌地請她說明原因，她激動地回答說她並不是偏見，而是有親身的經歷，證明她厭惡所有的穆斯林有其道理。

這件往事發生在四十年前，當時珍妮還是年輕的老師，在相當於初中的法國學校任教。一名戴著頭巾的穆斯林女孩進了教室，珍妮看到其他同學對她投以異樣的眼光，就把她拉到一邊，用最通情達理的語氣告訴她，上學最好不要戴頭巾。女孩沒有答話，卻狠狠地搧了珍妮一記耳光，轉身離去。珍妮一直忘不了這件事，直到今天，她認為所有穆斯林都應對此負責。雖然有些人可能對這種事不以為意，認為它只是件教人不快的小事——這個女孩以不當的方式回應珍妮出於善意的建議，但珍妮認為這個事件隱藏著更深、更陰險的意義，這已成為她對全體穆斯林的永久思維模式。

然而，思維模式並不全是創傷經驗的產物。通常我們並不知道它們累積的程度。思維模式很像一次由一個微小的軟珊瑚蟲累積起來的珊瑚礁，你不可能在一夕之間改變如此龐大的結構。

幸運的是，你不必這麼費力，你要做的事簡單得多：徹底繞過你的思維方式。懷疑論者會說，「說來容易做來難」，如果我們是我們思維模式的囚徒，這個說法就會是對的。但我們不必如此。無論你對一遍又一遍地重複的相同經歷做出多麼機械的反應，你的心智都不是機器。在使用桌上型電腦或智慧型手機時，輸入和輸出之間是一條直線。詢問 Siri 今天的天氣如何，你得到的答案就會和天氣有關。然而，如果你問一個人天氣如何，就可能得到千百種回答，包括：「我不知道」；「自己去查」；「誰在乎天氣如何？」；「別打擾我」；「滾開」。在你和人交談時，無法保證你會得到想要的答案。

電腦為邏輯而生，但你天生就能接受各種各樣的經驗，只是你接收這些經驗的通道不是封閉，就是開放。你不應該以恐懼、偏見或封閉的心態回應這樣的安排，它們全都是自我創造的一部分，擺出自我防禦的姿態。藉著把不同或出乎意料的事物拒之門外，自我築起了完全虛構的牆——在更深層次的覺知中，你仍然敏銳地意識到發生在你身上的一切。

知

諷刺的是，這就是覺知聲名狼藉的原因。「我不知道的東西不會傷害我」是錯的，「無知便是福」，這話大錯特錯。然而許多人盡可能不去了解他們感知到的威脅，並且在這樣的過程中，失去了對人生本身的覺知。他們注定大半時間都處於無意識狀態，並且對變得更有覺知抱持懷疑態度，因為他們認為知道太多是痛苦的。這實質上是對創造性智慧的否定。

是否了解你自己的病況或即將進行手術的一切，是你個人的選擇，但問題不在這裡。第六脈輪是關於「知」，這是一種覺知狀態，而非一組事實和資訊。在《博伽梵歌》中，克里希納勛爵宣稱：「我是田野，也是田野的知者。」田野一詞具有三個含義，第一個是活動領域，在此例中是以戰場為代表，因為梵歌發生在戰鬥前夕。熟悉這個場地的人應該是像阿爾諸那這樣的戰士，他正在聆聽扮成戰車騎士的克里希納勛爵說話。

第二個領域是身體。活在肉身之中的我們都知道體驗痛苦和快樂是什麼感覺。不過第三個領域更重要，因為它是意識的領域。克里希納勛爵的教導是智慧只屬於這個領域的知者，這是純粹的瑜伽。只知道活動領域和肉身經驗的人遭到了迷惑，或者比較委婉地說，他們遭到了誤導。他們是從身心活動的層面來判斷人生，而智慧則是由根源而來的。

因此柏拉圖記載他的導師蘇格拉底所說的名言教人費解：「我唯一知道的就是我一無所知。」為什麼一位以智慧著稱的哲人會這麼說？這讓蘇格拉底看起來似乎是反知識的。但事實上，蘇格拉底反對的知識是似是而非的知識。他在哲學上的對手——詭辯家（the Sophists，智者學派），教導的是雅典上流社會的年輕人，如果我們把他們所傳播的內容翻譯成現代術語，那就是：智慧可以由老師傳授給學生。蘇格拉底所教導的是直覺的內在認識。「我唯一知道的就是我一無所知」指的是一種沒什麼可知的覺知狀態，因為知是每一個人與生俱來的。

如果你與創造性智慧的流動保持一致，你就會產生成功的想法，但它們是次要的產物。最先也是最重要的，是你的覺知狀態。你越依賴一種思維方式，就越會與內在的知脫節。這就是偉大的英國小說家勞倫斯（D. H. Lawrence）要表達的意思，他寫道：「我們所知道的一切都是虛無，我們只是塞滿了的字紙簍，除非我們接觸到嘲笑我們所知一切的事物。」

成為有意識的思考者

不論在什麼領域，最成功的思想者都有一個共同點：他們獨立思考。他們不會受二手信念之害，不會過度受到其他人意見的影響。過去的制約不會支配他們的思維過程。

你獨立思考的能力如何？這是個攸關緊要的問題，值得給自己明確的答案，你可以藉由以下的測驗評估這一點。

測驗

你是否獨立思考？

勾選同意或不同意，回答以下十五個問題。如果不確定，想想你過去而非此時此刻的想法。

通常我總想取悅他人。

同意□ 不同意□

我這輩子都投票給同一個政黨。

同意□ 不同意□

我不喜歡被挑出來，引人注意。

同意□ 不同意□

我相信：如果你不能口吐蓮花，那就什麼也別說。

同意□ 不同意□

我不是領導者，也不想成為領導者。

同意□ 不同意□

我沒那麼特別。

同意□ 不同意□

人們不覺得我是個古怪的人。

同意□　不同意□

我不爭論，我會保留自己的意見。

同意□　不同意□

我的人生對我沒有什麼啟發。

同意□　不同意□

為了團體犧牲個人很重要。

同意□　不同意□

沒有人真正將我視為導師或榜樣。

同意□　不同意□

明智實用的目標勝過永遠不會實現的瘋狂夢想。

同意□　不同意□

我們家的人對事情大多有相同的見解。

同意□　不同意□

我對顛鉅的精神挑戰退避三舍。

同意□　不同意□

我不是專家。

同意□　不同意□

總計：同意＝＿＿＿　不同意＝＿＿＿

評估你的分數

獨立思考與墨守成規相反。如果對於上述的問題，你勾選同意達十次或以上，你就是異乎尋常的墨守成規者；如果你勾選「不同意」十次或以上，就是異乎尋常的非墨守成規者。這些並不是價值判斷，而是指出人生如何運作的無意識信念和假設。

我們內心全都是墨守成規者和非墨守成規者的混合，因此大多數的分數會在同意和不同意之間平均分配。我們有時會獨立思考，但有時我們也會遷就他人，委曲求全。然而，除非你重視不從眾的重要，否則就無法真正獨立思考，你的內心會以大大小小各種方式阻止你這樣做。有些人可能會把不從眾與社會激進主義、抗議、不合群的怪人聯想在一起，也有些人可能會把不從眾與牛頓或愛因斯坦的全新思想聯想在一起。

當跟從大眾的力量讓你害怕自己的與眾不同會太過顯眼時，視自己為獨創就成了一種鬥爭。你可能聽說過「高大罌粟花症候群」（tall poppy syndrome），這個詞是指在人群中過於突出的人往往容易遭到一般人的羞辱。網路上有文章這樣說明這種現象：「澳洲人往往會刻意詆毀有成就的成功人士（cut tall poppies down to size）。這個片語的意思可能起源於現已過時十七世紀 poppy 一字的字義，意思是『顯眼或突出的人或事物，通常暗示他們可能會受到羞辱』。」

真正重要的是，不要把自己框定為因為與眾不同而可能會遭羞辱的高大罌粟花，或必須從人群中脫穎而出的自我主義者。無論如何，無意識的驅動力都在掌控。重要的是，無論其他人是否贊成，你都知道自己是獨立思考的。

如果你依賴自動的思維，人生的確會輕鬆一些，因為你有現成的答案、意見、信念和判斷。但人生是動態的，它會不斷地變化，不適合自動的反應。

我們訓練自己的心智，同時也讓外在的力量為我們訓練我們的心智。這兩個過程一直持續進行。自我訓練最有力的代理人是自我。個人生活是圍繞「我的家庭」、「我的工作」、「我的好惡」而建立，然而，在你凝視天空時，並不會說它是「我的天空」或「我的藍色」。無論你離大海有多近，它依舊不是「我的海洋」。這種體驗是放諸四海皆準的。

在許多不易察覺之處，你的自我比你意識到的要局限得多。「我」並非單純的字，它的背後隱藏著自私自利的目的。按照自我的私心，你可能會這樣想：

- 我比這裡的其他人更重要。
- 我要說的很重要。
- 我會維護自己的利益。
- 勝利才是最重要的。我無法忍受成為輸家。
- 除非登峰造極，否則我不會滿足。
- 競爭是如達爾文所說的：適者生存。

這些想法屬於競爭力強，應該作為榜樣的成功人士，還是缺乏罪惡感的精神變態？區分的線簡直細到無法畫出來，這就是為什麼心理學家經常指出許多著名的領袖非常接近精神病態的原因。（法國生物學家和哲學家讓・羅斯坦〔Jean Rostand〕就說：「殺死一個人，你就是兇手；殺死數百萬人，你就是征服者；殺死所有的人，你就是神。」）

我們每個人都有一個隱形的盒子，收集了所有關於自我的元素，我們在並非病態的情況下，到那裡去汲取想法來支持我自己。現在請停下來，反省自我的產物：自動思維。

在下面這些情況下，你的自我正在為你打算……

- 你試圖給其他人留下好印象，甚至包括陌生人。
- 你堅持自己是對的。
- 除非你贏得爭論或對方放棄，否則你不會放棄爭辯。
- 你容易接受奉承。
- 你渴望得到別人的認可。

• 你總愛在會議上發言，即使你沒有太多話要說，也不顧每個人都很疲累。
• 你忽視需要幫助的人。
• 你總愛想辦法表現支配地位。
• 你有一種優越感。
• 你認為你的意見是整間房間裡最重要的意見。
• 你把競爭對手視為個人的敵人。
• 你認為在維護你與伴侶的關係上，你做的比伴侶更多。
• 你要求你的孩子要接受你的影響。
• 你藉著克制自己的注意力、拒絕讚美他人，甚至拒絕性行為來懲罰他人。

這張表單的目的不是讓你覺得自己不好，而是要說明自我的私心有多麼普遍，以及我們的日常行為在各種大大小小的方面如何遵循這種私心。自我不一定是錯誤的——強烈的自我意識是可貴的，而且所有的兒童都必須培養自我意識，無論是強是弱，才能在人生中航行。錯誤在於讓你的自我成為一個獨立的實體，成為你頭腦中的一個聲音，而你對此不承擔任何責任。過分的自我完全是心智造成的，它們是自我訓練的結果。

自動思維的另一個主要來源是社會的訓練。社會有自己的私心，或者更確切地說，是一整套私心。在你轉而依賴社會的私心時，就會把其他人放在首位。但這種無私是一種掩飾，順從一個群體或部落，表面上似乎很單純，而且由此產生的自動思維通常也會讓你的人生更輕鬆。如下這些想法讓人覺得虛心謙和：

- 完成任何重要的事情都需要團隊合作，在團隊中應該無「我」。
- 你獲得的支持越多，成功的可能性就越大。
- 在情況艱難時，我們得要齊心協力。
- 沒有什麼比家庭更重要。
- 我不是天生的英雄。
- 相處融洽能解決很多問題。
- 社會需要法律和秩序。

這些想法是社會制約的產物，始於童年之初。由父母告訴你該做什麼的第一天起，你就遇到了你服從、追隨、模仿、欽佩、忠心，並認為比你自己更好的人（無論你想如何為「好」下定義）。但問題在於，盲目地遵從社會的私心與只順從自我的私心一樣，讓你過猶不及。請你暫停片刻，思索遵循社會的私心是否以有害的方式訓練你。

社會在為你思考的各種情況……

- 你遷就別人，委曲求全。
- 你陷入了「我們對抗他們」的思維。
- 你害怕惹是生非。
- 當你所屬的群體做了錯事時，你視而不見。
- 出於對黨派的忠誠，你支持某位政治領袖，無論他有多大的缺失。
- 你私下認為有色人種低人一等。
- 你把自己的種族、宗教、政黨和國籍列為優先。
- 即使你知道家人有罪，你也會保護他們，不把他們交給警方。
- 你毫無異議地支持你的國家所參加的任何戰爭。
- 你認為抗議者都是在惹是生非。
- 無論如何，你都支持警察。
- 你是狂熱的球迷。
- 你覺得很難說出你的道理。
- 你支持企業的利益，而非個人利益。
- 你跟隨主流。

由於社會私心涉及一大群人——不像只涉及一個人的自我私心，因此這些過度的行為會導致可怕的結果。最慘烈的戰爭是民族主義的產物；對少數民族的凌虐是來自於「我們對抗他們」的思維。在社會私心的安排下，盲目追隨希特勒、史達林或毛澤東的民眾因為內心深處會認為自己做的是正確和合乎道德的事，而覺得正氣凜然。獨裁領袖的追隨者在領袖的殘忍和非法行為曝光後，依舊忠心耿耿，甚至領袖越過分，追隨者越忠誠。

當然，一般人的行為通常都在社會可接受的範圍內，但經過訓練的思維仍然是經過訓練的思維。大多數人並不關心逆轉他們思維的訓練，他們寧可以適合他們脾性的方式，陷入自我私心或社會私心。這兩種私心的其中之一控制人們不假思索表現出的反應。比如以下的例子：

- 在機場，某個航班宣布取消。一個人抱怨說：「這種事不能發生在我身上，我的行程非常重要，非去不可。」另一個人說：「我會坐著等待。他們會解決這個問題的。」
- 幼稚園老師打電話通知一名幼兒的媽媽說，她兒子強尼毆打了弱小的兒童，惹哭他們。一位母親說：「我的孩子不可能會這樣，你搞錯了。」另一位母親說：「我很抱歉。我們必須把這件事查個水落石出。」

• 一個經理職位出缺。一名同事說：「這回該升我了，沒有人比我更有資格。」另一名同事說：「我要提早上班，拿出更好的表現，爭取這個機會。」

在上面每個例子中，第一個人都是遵循自我的私心，第二人則是遵循社會的私心。要在其間找到中間的立場並不容易，因為每一種私心背後的假設都大相徑庭，這就是為什麼這麼多人毫不遲疑地接受某一種思維模式的原因。當你在個人的和社會的兩種相互競爭的力量之間左右為難時，就造成了壓力。莎士比亞的戲劇就充滿了這樣的衝突：羅密歐愛朱麗葉，但雙方的家族卻互相憎恨。哈姆雷特知道丹麥國內有一些不可告人的事發生，但他痛苦地喊道：「唉！倒霉的我卻要負起重整乾坤的責任！」凱撒大帝在臨終時對養子說，「Et tu, Brute（還有你嗎，布魯特）」，指責這個極度不忠的朋友，竟與敵人同謀。

除了悲劇之外，這裡給我們的教訓是：**自動思考永遠不是成功的思考**。一旦你明白了這點，就向獨立思考邁出了關鍵的一步。但我們需要更接近創造性智慧。光是它本身，就能讓你在任何情況下都成為成功的思想家。在最基本的方面，創造性智慧給予你的是智慧。實際上，智慧就是創造性的智力。

智慧剖析

- 開放的心態
- 靈活的反應
- 清晰的認識
- 暢通無阻的思維
- 沒有偏見
- 積極的期望

這就是創造性智慧比常規思維有效得多之處。停下來想想你在高中數學課上的經驗。老師教了這一天該教的課，然後呢？有些學生喜歡數學，很快就吸收，樂於接受新的挑戰，並且對取得好成績充滿信心。其他學生則對學習新課程感到無聊不安，有些人可能會恐慌，並終生都感到這種恐慌。成敗之間的區別再明顯不過了，但我們無法在無數其他經歷和遭遇中，解釋我們對自己的反應。

有時我們保持開放的心態，有時則不然。在某些情況下，我們有積極的期待；在其他情況下，我們擔心最壞的可能。我們有充足的理由不再依賴這種混亂的反應，它們前後矛盾，不值得信任。在每一個負面的情況中，我們都會喪失更多的信心、增加困惑和不確定性，偏見成真，心智變得更狹隘。

然而，在漫長的過去之中，有許多智慧傳統教我們如何充分利用創造性智慧，這些指導原則恆久不變。下面就是最重要的幾個原則。

- 你所需要的就是單純的覺知。
- 心智有一定程度的覺知，每個問題在這裡都有解決方法。
- 由這個程度的解決方法開始運作。
- 依賴創造性智慧——它會滲透到生活的每一層面。

單純的意識是一種門檻體驗。藉著讓你的心智接觸創造性智慧流，你就能使自己與智慧融合。真正的智慧不斷發展，充滿活力，相信創造性的智慧，你就可以把思想由任何基於自我或社會制約的私心上轉移開來。門檻的意義在於在門的另一側有某物，而在脈輪系統中，另一側的事物就是更多的轉變。

雖然在這一章裡我有一陣子沒有提及脈輪，但是藉著闡述智慧在瑜伽中的真正含義，我們一直在研究第六脈輪的領域。你對心智的任何關照都會啟動這個脈輪，但還有其他我們可以用來培養覺知的方法，這是接觸各種形式更高智慧的真正關鍵。

啟動眉心／三眼輪

這個脈輪加強心智的各個層面，尤其是直覺、洞察力和想像力。下面是不僅可用於眉心輪，而且也適用於每一個脈輪的概括做法：

- 保持單純的覺知。當你發現自己「不是」時，請花幾分鐘讓自己集中注意力。
- 冥想咒語 Om（頁一一四）。
- 冥想「我知道」或「我即是知」這個中心思想（頁一一七）。

其他步驟則更具體地以啟動眉心輪為目標。最重要的是要把你的覺知由心理活動轉移到知的層次。你可以藉由培養你的直覺來達到這一點，因為知是直覺的理解，直覺是看到眼睛所看不到事物的能力，可以作為沒有資訊的直接知識來體驗，它可能是洞察力和必然事物的突然閃現。

練習#1：直接的知聞

最純粹形式的直覺是你直接獲得的知，無須推理。閉上眼睛，問自己某件遺失的物品在哪裡。用心眼看這個物體，看它現在所在的位置，等你的心智給你清晰的圖像和細節。如果圖像模糊或轉瞬即逝，通常是因為你不想在練習中失敗，或者是在思索先前的猜測，和你已經找過的地方。

如果你沒有得到強烈的視覺形象，就要求要盡快找到這個物體；要求把它歸還給你，因為你需要它。這個練習會帶來顯著的效果。人們通常會非常清楚地看到遺失的物品，或者在很短的時間內受到指引而找到它。

練習#2：遙視

直覺還包括另一種感知世界的方式，在五官限制你時不可能辦到。下面這些步驟可以建立你的信心，讓你相信你有這樣的覺知：

1. 找個夥伴一起做下面的練習。
2. 你安靜地坐在房間內，請夥伴進入隔壁的房間，你已經在那個房間內放了一堆圖畫書或雜誌。
3. 請你的夥伴隨手翻開一本書，凝視任何一張照片一段時間。

4. 當你的夥伴在觀看圖畫時，你也在自己的腦海中看它。
5. 不要緊張；讓任何圖像自然地閃過你的腦海。
6. 無論圖像是否完全清晰，等你和夥伴回到同一個房間，請向他描述你看到的內容。

這個練習的成功祕訣是不作闡釋。直覺領域的圖像一開始通常是模糊的，所以你會得到這個圖像的模糊提示——山看來可能只是天空中的一條曲線，或者像女巫的帽子一樣尖銳的形狀，也許只會出現一種顏色。你的心智可能會解讀這些模糊的指標，得出錯誤的圖像。但要確定確實有訊號發送和接收。

重複這個練習三至四次。與你的合作夥伴交換角色，換你作發送者而非接收者。如果你能抱持輕鬆的心態，並且知道圖片是可以看到的，你就會因為自己越來越準確而吃驚。

練習 #3：「請求，你就會得到」

直覺會帶來我們通常得不到的答案。當你已盡最大努力要解決問題，但解決方案卻沒有自動出現時，你並沒有失敗——你已準備好迎接突破。突破是由理性到直覺的跳躍，無論是透過作夢、靈光一現，還是突然知道真相。這裡有一條意識法則在起作用：「請求，你就會得到。」

以你當前面臨尚未解決的問題或挑戰為例，它可以是你工作或私生活中的任何事情。今晚睡覺前，做下列的事情：

1. 找一個你警醒而不疲勞的時間。閉上眼睛坐下，停止內心的對話，讓你的心智平靜下來。
2. 盡可能清楚地向自己陳述問題。
3. 告訴自己你期望發生什麼。然後刻意地把你的期望交還給宇宙。對任何需要發生而非你所期望的事保持開放的態度。
4. 問問自己是否收集了足夠的資訊來解決問題。如果涉及其他人，你是否得到他們的意見？如果情況有幾個外在因素，你是否完全理解它們？如果你不了解，請收集更多訊息再繼續。
5. 當你要求問題的答案時，把它還給宇宙——讓你自己與結果分開。
6. 樂於接受來自任何方向的回答。放棄對特定結果的任何偏好。
7. 當你上床睡覺時，期待答案在你睡覺時出現。

8. 第二天早上醒來時，不要起床。閉上眼睛，在內心尋找答案。靜靜地聆聽發生在你身上的任何事物。掃除混亂或部分的圖像。等待一個清晰、簡單、明確且令人滿意的答案。有了答案之後，就開始行動。

9. 如果你的答案還沒有出現，請耐心等待。如常處理你的日常事務。直覺未必總是當天送達。準備好在最意想不到的時刻靈光一現。

一開始，你可能會覺得這個練習很陌生，但如果你練習得足夠，它就會產生非凡的力量。「請求，就會得到」的原則是運用最深刻和最清晰的意識。它導引了許多發現和見解，全都是以相信個人的直覺，並培養它為基礎。藉著相信更高的智慧（不一定是宗教觀念——你同樣可以相信更高的自我或宇宙思想），你打開了與它溝通的道路。歸根結柢，直覺的奧祕其實根本不是奧祕，它是與存在於每種情況背後更高智慧溝通的正常過程。

第五脈輪——神奇的文字

第五脈輪

位置：喉嚨　**主題：**言語，自我表達

理想的特質：無所畏懼地說出真相；真實性；說服力

語言是豐盛常遭忽視的成分。由小學一年級開始，在學校的成功就與口頭表達的能力息息相關，人際關係的成敗也取決於兩個人溝通的程度。你會贏得或失去他人的尊重，端視他們對你所說的言語是否信任。簡而言之，你使用的詞語有巨大的力量。

人們沒有注意到的是語言背後的魔力。文字是神奇的，你如何運用它們的神奇特性會決定你的人生如何發展。你說的每一句話都代表一個奧祕。腦細胞中的化學反應和電荷如何轉化為我們在腦海中聽到的言語？大腦用的是與皮膚或肝細胞相同

的基本元素，但這些細胞的成分既不會思考也不會說話。在日常生活中，這些奧祕並沒有得到解答；甚至沒有人提到它們。

位於喉嚨的第五脈輪把文字視為創造性智慧的表達，而非腦細胞的表達，因此給了你開啟語言魔力的鑰匙。在這裡，喜樂意識把自己轉變成各種形式的表達，尤其是語言。（人類甚至不需要說話，我們有身體語言和臉部表情。根據專家的說法，我們可以用手做兩百個以上的手勢，每個手勢都有自己的含義。豎起大拇指，對方會微笑，但舉起中指可不然。）

你的言詞不是幫助你實現你想要的生活，就是讓你遠離它。這話聽來簡單，卻不容忽視。豐盛的態度雖然重要，但還不夠。思想、言詞和行動必須沿著實現的路徑發展。在佛教的中道，這條路徑是由正思維、正語和正業作為標記。

第五脈輪與正語相關，但正實際的含義是什麼？它牽涉幾件事：

- 說實話
- 不抗拒和反對
- 支持你自己的人生和他人的人生
- 促進和平；避免暴力
- 配合你的達摩，與它保持一致

如果你每次張口都要考慮這份清單，那麼恐怕一個字也說不出來。但是脈輪系統簡化了它，只要言語維持了喜樂覺知的特質，就是正確的。「跟隨你的喜樂」在每個脈輪都適用，尤其是在這裡。有了這個內心的指引，你就可以用文字來宣傳好的魔法，避免壞的魔法。

好魔法還是壞魔法？

在你說出一個字時，不是支持創造性智慧的流動，就是阻止它。言詞具有改變任何情況的魔力，無論是朝著正確或是錯誤的方向。「我愛你」已經讓無數人的生活朝著正確的方向轉變，「不」則把無數情況推向了錯誤的方向。

然而，沒有一成不變的規則。總是說「是」和總是說「不」一樣糟糕。你必須了解具體情況如何，以及需要什麼，幸好這並不像聽起來那麼神祕。創造性智慧的流動支持好的魔法，不論在什麼情況下，你的言語都會配合最佳的結果。壞魔法則相反。這裡的壞並不是指邪惡或道德上的錯誤，而是意味著你已經偏離了創造性智慧想要走的路。

下面是一些容易識別的簡單訊號，告訴你情況是如何發展的。

好的魔法在下列情況發揮

氣氛輕鬆。

對方（一或多人）表現良好的肢體語言。

你的言語得到對方微笑、點頭和其他表示同意的回應。

你很享受你說的話。

問題正在解決。

你感覺自己說的是實話。

室內有平和的氣氛。

有創意的答案正在出現。

每個人都表現出合作的跡象。

你感到自己被傾聽和得到理解。

這些訊號都不難發現，只是我們對它們的重視往往不足。相反地，即使沒有好的魔法，我們也奮力前進。想想你在對話或會議中多常發現情況偏離了軌道，有時為時已晚。這種訊號也很容易看出。

壞的魔法在下列情況發揮

氣氛緊張。

對方（一或多人）表現出緊張的肢體語言。

對方對你的話反應是一片茫然或表現出無聊厭倦的態度。

你不欣賞自己說的話。

問題越來越混亂，越來越糾結。

你覺得你的話沒有效果。

室內有衝突或對立感。

關於如何前進，還沒有共識。

你感覺不到對方傾聽或了解你。

了解好魔法與壞魔法的不同是一個重要的步驟。你會清楚地感知正確的言語應該如何發揮作用，下一步是讓創造性的智慧助你一臂之力。你不必嘗試扭轉惡劣的情況，想要讓它轉向正確的方向。讓自己與創造性智慧融合，可以防止惡劣情況的發生。正如我們將要看到的，這是讓你的話語通向成功和滿足最自然的方式。

魔法從何而來

如果一個字的意思就是它在字典上的定義，那就沒有魔法了。文字有其他隱藏的含義。想想下面這兩個人對話的例子：

A：你看到我把車鑰匙放在哪裡了嗎？

B：沒有。

表面上，這是一種基本的資訊交換，沒有特別的意味。然而在現實生活中，傳達的訊息卻大不相同，每個字的背後都隱藏著含義。假設A是一位上班快要遲到的妻子，而B是她失業的丈夫。她問：「你看到我的鑰匙了嗎？」除了要問放錯位置的鑰匙之外，並沒有其他隱含的意味。

但是他的「沒有」呢?失業的丈夫可能會感到不滿、沮喪、自憐、嫉妒或犧牲,因為妻子有工作,而他沒有。根據這些感受,「沒有」可能是一種情緒反應。作為在紙上(或電腦螢幕上)閱讀這段簡短對話的局外人,我們不知道他們的關係如何。也許這個男人喜歡做家庭主夫。他的「沒有」可能只是單純的沒有。

這說明什麼?我們所說的每一個字都有層層的溝通。這就是魔法發揮之處,因為人類能夠以某種神祕的方式發送和接收字典中沒有收錄的各種無形信號。我們通常不覺得文字有這麼大的力量,但你說的下一個句子會透露出與以下內容相關的許多資訊:

- 你的心情。
- 你與對方的關係。
- 你在這種情況下的角色。
- 你支配或服從的狀態。
- 你了解什麼。
- 你必須表達什麼。
- 你願意合作的程度。
- 你投入或保留了多少情感。

每一個字都像冰山一角，大部分都看不見，然而即使在這樣的層面上，也還是有溝通存在。我們在表面之下傳達了如此多的訊息，因此讓其他人知道——或讓他們自認為知道：我們是誰。

喉輪是你可以毫無恐懼地說出你想說的話的地方。我記得幾十年前，我在準備第一次的公開演講時十分緊張。我感到焦慮，儘管在醫學院和實習期間，我經常自信地談醫師必須談的事，即對患者疾病的診斷、推薦的治療方法，以及患者的預後。

雖然很多人在應邀演講時會非常焦慮，但確切地說，我並不害怕；事實上，我很想發表演講，但我不確定觀眾會如何回應我。那是八〇年代初期。我正跨出冥想和身心連結的第一步，當時主流醫師和社會大眾對這兩件事都抱著懷疑的態度，甚或完全敵視。

就在此時，一位碰巧是冥想老師的朋友給了我非常寶貴的建議：「人們不會對你說的話做出回應，他們會以你是誰來回應。」換句話說，如果我說出最美麗、最動人的話，但我是封閉的、恐懼的、不確定的，我的訊息就會落空。

這是文字的終極魔力——我們可以讓它們生動起來。言語因我們內心所盛載的事物而充滿活力。文字只是字母和聲音，但我們有能力為它們注入生命。然而我們往往出於恐懼、自我懷疑以及對自己和他人掩飾真相的需要而發言，因而剝奪了我們話語的魔力。當這種情況發生時，正確的語言就會崩潰瓦解，成為錯誤的語言。

神奇的謊言

自我私心有一部分就是向世界展示堅強的自我形象，但這樣的努力讓你與真實的本性脫節。如果你活在真實本性的層面上，就根本不需要任何形象，這就是所謂的真實性。兒童以天真、開放的方式保有真實性，但他們很快就會學到父母的判斷在發揮作用。如果父母告訴你，你是「好」或「壞」，並且經常重複，就會改變你的人生。

做個好男孩或好女孩，是每個兒童的動力。失敗的可能很嚴重，「壞」孩子可能會在心理上留下終生的標記。但他們的命運並非一成不變，一個壞孩子可能到某個年紀會認為他的父母是錯的——或者需要證明他們是錯的，這能夠引導他朝正面的方向發展。只是情況往往恰恰相反，壞孩子變得灰心喪志，他們相信「我已足夠」的可能性比好孩子小得多。

在好與壞這樣明確的標籤之間，有一塊很大的灰色區域。在這個區域內，我們受到自我的不安全感所驅使，創造我們的自我形象。大多數人都有許多藉由自我形象投射出來的想像，我把這些虛構的想像稱為「神奇的謊言」，它們反映了自我愚弄我們、和我們有關係的人，以及整個世界的能力。結果我們受到在不斷流動的真我中毫無基礎的隱藏信念所驅使。

暫停片刻，想想哪些自我的神奇謊言現在可能正在影響你。

神奇謊言之網

- 我孑然一身，與其他人毫不相關。
- 某一天，我出生了。
- 我終有一天會死去。
- 外力左右我，超出我的控制。
- 我的生命只是浩瀚宇宙中的一粒塵埃。
- 我正為個人的掙扎而努力。
- 我力求增加快樂到最多，減少痛苦到最少。
- 我受到過去記憶、創傷和挫折的影響。
- 我害怕失敗。
- 我被困在這個衰老的身體裡。
- 我有內心衝突。
- 我不確定自己是否討人喜歡。

- 我容易焦慮和抑鬱。
- 我生活在一個危險的世界裡。
- 我需要注意很多事情。
- 我會照顧好自己，因為我知道沒有其他人照顧我。
- 我還不夠。

你不必大聲說出這些事項。人類的言語充滿了暗示和含義。說話者可能想要隱藏某些事物，但我們可以由字裡行間看出來，因而總能由其中得出推論，這反映出文字會顯露出多層含義的驚人事實。自我神奇謊言清單的最後一行——「我還不夠」，是最大的謊言，也是最有力的謊言。需要一整本書才能抵消它的效果。

無論任何兩個人有多麼不同，人人都在進行同一個計畫：創造一個關於他們自己的故事。在幾乎每個人的生活中，結果都是一片混亂，過去的經歷和未來的希望與今天發生的一切混在一起。在這樣的混亂中，太多人都沒有從他們的故事中得到他們想要的東西。

比如，假設今天是週六，你剛剛來到早餐桌前。和許多人一樣，在你喝第一杯咖啡之前，會感到自己有點昏昏沉沉。你的配偶或伴侶問：「你睡得如何？」你將以你的下一個詞跨過一個門檻：你當天的故事即將公開。你正在與另一個人分享你的想法，而在這一天剩下的時間裡，你的話語屬於與你互動的每一個人。

假設你當時無意分享，因此當伴侶問你睡得怎麼樣時，你用平淡的語調嘟囔說「很好」，然後轉身離開。讓我們把這一幕定格。在一個僅持續幾秒鐘的姿態中，你已經做了一件神奇的事，而且它可能完全是在你不知不覺中發生的。你把無限的可能性引入了現實世界。你用了英國作家阿道斯．赫胥黎（Aldous Huxley）所謂的「減壓閥」（reducing valve），把千百種可能的回答變成一個簡潔的詞。

不要太快解開定格，因為如果你認為這個例子平淡無奇，無足輕重，那麼你就拋棄了神奇的層面。在你把千百個可能的詞縮減為——「很好」的那一瞬間，就已經運用了一點創造性的智慧，但這並不是真正的一點點而已。你的故事就像一張心理的全像投影圖，由一個細節揭示整個影像。

製作心理全像投影圖的能力與生俱來，在出生時來自遺傳，並且是全體人類共有的現象。你每天都在使用它，把一點點經驗放大成一張圖片，或者更確切地說，變成一部電影。你所愛的人臉部不僅僅是五官——你的整個關係都壓縮在這個視覺圖像中。如果你彈鋼琴，觸摸琴鍵會讓你施展出你所有的技巧、訓練和音樂的品味。對於閱讀符號的物理學家來說，$E=mc^2$ 揭開了愛因斯坦廣義相對論所帶來的革命。

這樣下來的結果是：你的故事太龐大，你的心智或自我無法控制。只有創造性的智慧才能預見你的故事將走向何方，它真正的意味是什麼，以及在情節中的哪個方向是你該走的正確方向。正確的話語並不在於你選擇要說的言詞，而是這些言詞來自哪裡。

提升你的故事

你的故事中有太多的詞語——過去、現在和未來，無法進行心理評估，但你的故事不斷地投射出你的全像投影圖。或者更準確地說，符合「我足夠了」或「我還不夠」的「你」。前者或後者充斥在你的故事裡。「我還不夠」是由以下各項所投射：

- 抱怨
- 責備他人
- 推卸責任
- 沉默寡言
- 表現得像小暴君或完美主義者
- 讓別人看起來小，好讓你看起來更大

- 防禦心強
- 從不暴露弱點或短處
- 情緒緊張
- 很少或根本不稱讚他人
- 悲觀主義
- 害怕親密
- 盲目遵守規則

這些行為各以它們自己的方式偽裝成自我判斷。要提升你的故事，第一步是在你表現出這些行為時開始注意。這個單子很長，所以在筆記本上記下你認為可能適用於你的一種行為，留意這種行為——比如抱怨或責備他人，在你的筆記本頁面上打勾。

這樣做一週，然後評估一下你抱怨或責怪別人的傾向。下一步是：每當你發現自己有這種行為時就停下來。光是停下來，雖然一開始很困難，但非常有效。如果你有時間，可以找個安靜的地方，讓自己集中注意力，並保持單純的覺知。例如疲憊不堪的父母可以花點時間在家裡的浴室裡放鬆一下。

因為業力是以重複的模式形成，你會發現周遭的人對你的「我還不夠」行為都很熟悉。你的主要目標是減少並消除最明顯的反射。在你感到足夠安全時，與一位密友或知己（不是你的伴侶或配偶，因為這種關係有太多情緒）一起坐下來，問問你的哪些行為最明顯。你要找的是有同情心、能夠幫助你的答案，而不是批評。你會很驚訝地發現其他人很容易在你身上看到，而你自己卻視而不見的事物。歡迎這些意見，因為在你有更多的覺知之後，就可以開始改變。

還有另一面需要考慮。在很少或沒有自我判斷時，「我已足夠」會透過以下方式投射：

- 情感開放和誠實
- 同情他人
- 施予和提供協助
- 容忍錯誤——不論是你的還是其他人的錯誤
- 容易接受他人
- 容忍不同的態度和信仰
- 樂觀

- 願意分享功勞
- 不在他人面前批評任何人
- 大方地欣賞他人
- 鼓勵培養密切的關係
- 能夠愛和被愛

藉由加強這些特質來提升你的故事會讓你感到愉快。注意哪些是你最重視的特質，並注意你可以表現它們的情況。你的這一面也是業力，因為它符合重複的模式，這種模式會變得無意識而且自動。因此你可以找個知己，問他你沒有表現出某些行為。比如，也許你樂於與人分享功勞，在檢討時就不必再注意這一點。但你可能不願意接受與你差距太大的人，那麼這就是需要你注意的範圍。不要強迫自己改變，只要有改變的意願，並尋找可以自在表現接受和欣賞的情況。

運用這兩種策略——消除負面的一面，並在正面的那一面做更多的努力，你就在穩定地與你的真實自我建立開放的溝通管道。它知道你的意願，你也會發現提升你的故事會變得更輕鬆和更快樂。

談到關係

健全的關係取決於良好的溝通，這已成了陳腔濫調，但如果你稍微想一想，就會知道言詞是你的關係中最恆常不變的成分。「我愛你」這句話雖然好聽，但它們只占你和伴侶所說的話中最微小的一部分。在婚姻諮商中，最常聽到的抱怨是「他（或她）不聽」。當然，這在字面上意義並不正確。除非你能夠把其他人都關在外面（不幸的是，這種技巧在長期關係中很容易培養），否則你一直在聆聽。

真正重要的是要被對方聽到。在人們聽到你時，你就會受到重視。言詞本身是次要的，而且通常無關緊要。人們想知道自己舉足輕重；他們想知道自己與伴侶的關係仍然牢固；他們在對方的眼中尋求認可。如果你相信有人傾聽自己，你就會展現更多的自我，於是你們的關係開始在真實自我的層面上發揮作用。當我們渴望精神關係時，這種在真實自我層面上的聯繫就是關鍵。

在關係開始崩潰時，其中一方或雙方都會說：「我們之間的距離太遠了。」有時這句話充滿了怨恨，有時不是。但在任何一種情況下，分離都意味著自我與自我之間的聯繫已經磨損或撕裂。由自我的層面來看，問題在於「我」——包括我做事的方式、我的態度、我的人生目標——都遭到忽視。自我的私心已經偏離軌道，不滿的伴侶需要新的盟友來實現「我」想要的東西。

我想談談兩個人希望雙方關係順利發展，並渴望愛持久合一的關係。要達到這個目標，理想的方式是認識意識所扮演的角色。創造性智慧不僅僅流經個人，它同樣也流經人際關係。

言詞在這裡舉足輕重。不論任何時候，你都可以取用創造性智慧的線索。首先，注意線索何時丟失或斷裂。每當你說話發生如下的情況時，你就失去了線索：

煽動分裂和對立。

表現敵意。

增加你自己和伴侶的焦慮。

為正在發生的戲劇性場面火上加油。

抱怨你伴侶的行為。

推卸責任，責怪你的伴侶。

貶抑他人。

把別人拒之門外。

嘗試支配和控制。

誇大你的重要性。

這些都是你所說言詞的明顯結果，不能把它們誤認為是對人生有益的正面效果。我在這裡用「伴侶」一詞，但這一切都同樣適用在父母或朋友身上。你必須保持足夠的警覺，以防自己拉斷線索。我們很快就能發現別人的缺點，但很難看出我們最不喜歡別人的地方正好就是我們否認自己也這麼做之處。如果我們否認自己正在做我們譴責他人的事情，那麼我們的自我否定就會被貼上神奇謊言的標籤。否認和自負使謊言繼續存在。

沒有人完全沉浸在我剛剛列出的錯誤信念、否認和自我所驅動的言語之中。創造性的智慧有時會浮出水面，那時你的言語就會促進你們的關係。你能與創造性的智慧融合，只要你的言語——

表達愛、感激和讚賞。

把你與你的伴侶連結起來。

說出真話，但不傷害人。

表達同情。

有助於問題的解決。

營造積極向上的氛圍。

提供希望和幫助。

讚美你所得到的天賦。

你不必是超人或聖人就能做到這些。慈愛的父母在撫養孩子時自然就會以這種方式運用言詞。但在這個過程中，許多人卻自動地阻止了創造性智慧的流動，遺憾的是，這損害了每個人的關係。然而瑜伽教導我們，無論我們偏離正道，走向自我挫折或破壞性的行為多遠，喜樂意識始終堅定不移。精神的慷慨是無法阻擋的。

你的言詞揭示了你在符合自我私心意識層面上的身分，你的伴侶亦然。但在愛的關係中，這並非你們聯繫的基礎。相反地，你們是在服從一個真實自我對另一個真實自我的磁吸力。當你發現這是真的時候，你就會知道為什麼你們的關係存在，不是出於自我驅動的原因，而是作為一種喜樂意識的表達。你並不需要讓你的伴侶相信這一點，你自己的知識即已足夠，它把你與精神的慷慨聯繫起來，這就足夠了。如果你和你的伴侶意氣相投，再沒有比兩個人一起進步發展更美好的事了。達到那個狀態的最好方法是在你自己的內在進步發展，那麼你就成為精神慷慨的具體化身。

感到另一個人正在疏遠自己，會教人感到不安，尤其是對於高度重視自己精神成長的人而言。裂痕出現了，雙方的關係開始變得越來越不平等。你正在努力遵循更高的指導，但你的伴侶卻有其他的想法，其他的追求和價值觀。最後，一旦裂痕太大，雙方的關係就可能會嚴重破裂。原本希冀讓兩個相愛的伴侶建立精神聯繫的希望，很可能會以和任何破裂關係同樣醜陋的相互指責和失望告終。

你可能很難聽到瑜伽的訊息，但你伴侶的行為反映出你的位置。在超然的狀態下，有這種理解使你能夠停止責備對方，並專注於你自己的覺知狀態。超然是逐漸康復痊癒的狀態，而並非需要對方在你想要的每一方面都做得很好的隔離孤立狀態。自我的私心會以微妙的方式破壞超然，使它成為「我的」精神理想與「你的」一失敗對立。內心的作業總是個人的、親密的、不可見的，然而，這是你能在你們的關係中所做的最偉大的工作。

生命有無限的能力自給自足。當你從你的自我中分離出來時，你就站在完整生命的那一邊。你的信任會一步步增長，直到最終的奧祕被揭開：生命和喜樂是一體而相同的，缺少和匱乏從來沒有讓真理站在它們這一邊。

啟動喉輪

這個脈輪加強了言語和自我表達的各層面。下面是不僅可用於喉輪，而且也適用於每一個脈輪的概括做法：

- 保持簡單的覺知。當你發現自己「不是」時，請花幾分鐘讓自己集中注意力。
- 冥想咒語 Ham（頁一一四）。
- 冥想中心思想：「我可以自由表達」或「我說出我的真理」（頁一一七）。

其他步驟更具體地以啟動喉輪為目的。你不斷地投射你的故事，而瑜伽教導我們：改善你的故事發生在意識中。許多都取決於啟動第五脈輪，這樣你才能說出「我已足夠」的真相。你可以藉由有意識地改變你正在講述的故事情節來做到這一點，不是對別人，而是對你自己。

練習：每天早上花五到十分鐘獨處，坐下來閉起雙眼，看自己在接下來這一天要面對的挑戰。選擇某件眼前的事情，一個似乎停滯不前或沒有按照你想要的方式發展的情況。

在你的心眼中想像一個障礙物——這或許是某個人、一場即將舉行的會議、抗拒點、缺乏溝通。我們大多數人都可以毫不費力地設想糟糕的場景和預期的威脅，這就是「我還不夠」的觀點。

把這種情況當成彷彿你在看電影並獲准導演它一樣。讓電影發展，當你達到不好的部分時，就把它倒退回來。如果有人進入房間，設下障礙或提出抱怨，就想像這人倒退出去再進來。這樣做，你就釋放緊張的期望，並獲得對它的控制。

重複這個練習，直到你不再感到緊張和沮喪。控制你的想像是讓創造性智慧流動的有力方法，沒有比這更重要的事了。你是自己所處每一種情況的共同創造者，你想要重新獲得創造性的角色。否則情況就會控制你。

同樣的練習適用於鞏固關係或加強任何順利進展的情況。想一想這一天即將到來的時刻，把它當成一部電影。在電影中，想像你的伴侶完美地演出，或者問題得到和諧的解決。把這一幕向後倒帶，然後重播。重複這個步驟，直到你對自己的新願景感到滿足和自信。

不要期望每次都能立竿見影或獲得最佳結果。但只要你退一步，讓創造性智慧接管，這個過程就會不斷發展。它會由你對最佳結果的內心願景中獲得提示，這足以由促進演化發展方向改變最有力的意識層面來改進你的故事。

第四脈輪——發自內心的情感

第四脈輪

位置：心臟　**主題：**情感

理想的特質：快樂；愛；情緒智力；同理心、連結

人類是唯一難以感到快樂的生物。如果脈輪系統能夠解決這個問題，就能對人的生命做出巨大的貢獻。快樂是一種情緒狀態，情緒象徵性地集中在位於心臟的第四脈輪。在豐盛自然平衡的狀態下，心輪是快樂的泉源，也是各種情緒的表達。在我們談到快樂的心或悲傷的心、充實的心或空虛的心時，這是我們的共同理解。古印度的瑜伽修行者也有同樣的說法，他們甚至談到心的智慧，因為每個脈輪都會出現一種新的認知模式。在一生中**感覺**自己的路，與在一生中**思考**自己的路一樣明智，甚至更明智。

在第四脈輪，創造性的智慧經歷了轉變為情感的過程。因為我們仍在談論喜樂的意識，它是所有轉變的泉源，所以情緒應該像愛和喜悅的感覺一樣提升我們的人生，這也包括同情、同理心、親密、寬恕、希望和樂觀。負面情緒是失調的，儘管憤怒、恐懼、沮喪和嫉妒的衝動可能很強烈，但它們是不值得信賴的嚮導。負面情緒的出現顯示創造性智慧的流動出現了問題。人們常覺得難以改變自己的情緒，但是情緒反映了你的覺知狀態，而在瑜伽，當你處於單純的覺知時，隱藏的情緒之結就會解開，過去的業力就會減少；有時甚至會完全消散。正如我們將看到的，在故事中，過去扮演了重要的角色。

內在的豐盛有一部分來自於豐富的情感生活，由你擁有快樂的權利開始，然而現代心理學卻發現人類幾乎無法確定能否獲得快樂。心理療法治癒抑鬱和焦慮的成功率很低，而抑鬱和焦慮是感受快樂的主要障礙，這就是為什麼醫師會開抗憂鬱藥和鎮靜劑的處方給絕大多數患者的原因，這些藥物只能減輕焦慮和憂鬱的症狀，但無法治癒它們，而且即使在緩解症狀方面，療效往往也並不可靠。

瑜伽不是醫學或心理療法的分支，但它提供了關於意識如何運作更深入的知識，意識是情緒的核心，因為情緒來自於意識的轉變。如果你的情感生活陷入困境、矛盾或不如意，你免不了會變得情緒低落。在極端的情況下，人可能會處於情感貧乏的狀態，我們每個人都必須為此承擔責任，因為我們所做的情感選擇並非上天安排命中注定的。

我無意忽略家庭的教養。每個孩子都深受愛或缺乏愛的影響，在某些情況下，虐待和傷害會造成長期的痛苦和悲傷。但治癒過程並不是藉由抹除過去、責備家人或依賴別人改變你來完成的。療癒過程發生在你的內心，這讓你既是療癒者又是受療癒者。

自我覺知是療癒的起點，所以停下來想想情感貧乏對你有多大的影響：

情感貧乏的徵狀

- 感到擔心和焦慮
- 脾氣暴躁
- 難以表達愛和情感
- 害怕親密
- 不好意思表達你的情緒
- 在別人表露情緒時感到尷尬
- 認為表露情緒是軟弱的表現

- 相信「真正的男人不會哭」
- 認定女人「太情緒化」
- 認為很難表達自己的真實感受
- 隱藏你的真實感受
- 隱藏過去的情感創傷或所受的虐待
- 懷恨在心
- 難以原諒
- 受到過去的屈辱和失敗困擾
- 認為自己是輸家
- 頑固地堅持憤怒、嫉妒、怨恨和報復的情緒
- 無緣無故感到難過
- 茫然無助，沒有希望

我想大多數人都會對這份清單的長度感到震驚，同樣教人震驚的，是看到我們周遭以及我們自己的內心有多少情感貧乏的症狀。佛洛伊德發明了一個術語——「日常生活的精神病理學」，來說明心理困擾實際上多麼普遍。我們把我們認為瘋狂、適應不良、古怪、神經質、混亂，因而心理不正常的人歸為一類，但其實這是

在欺騙我們自己。每個人的日常生活都會有心理暗流，每一個人都免不了會有一些情感貧乏的症狀，在我們尋求治療師幫助之前許久，這些症狀就已經出現。

你可以明白為什麼大多數人都非常不願意深入探索他們的情感。當我們經歷心理痛苦時，大多數人都會採取某種形式的逃避。我們對自己的痛苦保持沉默，因為難為情而試圖向他人隱瞞。我們藉由看電視、打電動、喝酒等方式來否定它，或分散注意力——任何暫時緩解情緒痛苦的方法，都比實際去解決問題的壓力來得小。

在你接受自己可以得到內在滿足的狀態時，療癒就開始了——不再有羞恥、恐慌、恐懼和不安。心輪在平衡的狀態下充滿快樂；要破壞這種狀態，需要時間和精力。我們的任務是消除所有被浪費掉的時間和精力，沒有人應該經歷情感貧乏。你有權過具有以下品質的豐富情感生活：

情感豐富的徵狀

- 你能了解自己的情感。
- 你注意自己的感受。
- 你相信自己的情緒反應，並受其引導。
- 恐懼和憂慮無法控制你的生活。

- 你從負面情緒中恢復過來。
- 你不會執著於憤怒、嫉妒和怨恨。
- 你享受與所愛之人的親密關係。
- 你可以自由地表達愛意。
- 你不會因為表達你的感受而感到尷尬。
- 你不會因過去的屈辱和失敗而感到煩惱。
- 你很樂於表達自己的感受。

情緒治療是個人的，如果你能放鬆自己，效果最好。用一個緩和的比喻，印度的吠陀傳統把治癒的過程稱為「吹掉鏡子上的灰塵」。引起內心痛苦的記憶和過去經驗的累積就是灰塵。鏡子指的是單純的覺知，只反映出各種形式的喜樂意識。

情緒如何演化發展

許多人不信任自己的情緒，並逃避它們；其他人則會放大他們的情緒，並利用它們來操縱情況，獲得他們想要的事物。正因為如此，你可能不願意踏上一段要穿越受到壓抑有毒情緒的黑暗森林旅程，需要先提供兩個保證。首先，你不必探索無意識的黑暗森林。情緒療癒是藉著讓喜樂意識自行恢復而發生的，由單純覺知的角度來看，整個心靈都有意識。我們在自我的層面上逃避我們的情緒，但創造性智慧是在更深的層次運作。其次，你無須恐懼或逃避情感之旅，你已經踏上了那段旅程，並且由出生起就一直在這個旅程上。你的情緒是你所說、所想和所做一切的一部分。

內在的小孩（inner child）已經成為一種純真的情感理想，如果未來的唯一任務是找回內在小孩就太好了，但是孩子的情感生活是未經發展而不成熟的。它已經建立基礎，等待被塑造，由純粹的快樂到強烈的憤怒和恐懼。然而，如果你不超越基礎，就會把內在小孩破壞性的一面帶到日後的人生當中。內在小孩並沒有在成年人身上消失，有時它仍然在發揮強大的力量。一切都取決於你孩子氣的部分是否有助於你的情緒健康。

你內在的小孩

我們在童年學習人生課程，在我們的情緒方面亦然。為了讓你了解自己的過去對現在的你有什麼樣的影響，請勾選「是」或「否」，回答以下問題。盡可能對自己誠實，不要對自己太寬容或太苛刻。

我通常脾氣溫和。

是□ 否□

我不大會突然爆發。

是□ 否□

我不會衝動地做出反應。

是□ 否□

我可以虛心接受批評。

是□ 否□

我很容易為別人的好運而高興。

是□ 否□

我不記恨。

是□ 否□

我不會沉迷於復仇幻想。

是□ 否□

我還記得最近的歡樂時刻。

是□ 否□

別人的快樂對我來說很重要。

是□ 否□

我認為對手是競爭者，而非敵人。

是□ 否□

我可以耐心地傾聽別人的苦惱。

是□ 否□

我的情緒不會讓我惹上麻煩，比如和人激烈的爭論。

是☐ 否☐

我可以自在地表現溫暖深情。

是☐ 否☐

我重視被愛和討人喜愛。

是☐ 否☐

我的父母是情感成熟的典範。

是☐ 否☐

如果有人生我的氣，我不會立即反擊。

是☐ 否☐

如果有人喜歡或不喜歡我，我不會太在意。

是☐ 否☐

我發現大多數人都很討人喜歡。

是□ 否□

我傾向於看到別人最好的一面，而不是最壞的一面。

是□ 否□

我樂於接納。我不急於批評別人。

是□ 否□

我通常可以說出別人的感受，即使他們試圖隱藏它。

是□ 否□

我對陷入困境的人感到同情。

是□ 否□

我很容易笑。

是□ 否□

我喜歡孩子們的陪伴。

是☐ 否☐

我知道精神上得到提升是什麼感覺。

是☐ 否☐

總計是＿＿ 總計否＿＿

評估你的分數

如果你內在的小孩非常快樂且平衡，你就會得到25個「是」，如果你內在的小孩痛苦且失衡，你就會得到25個「否」，但沒有人會得到如此極端的分數，因為每個人的內在生活都很複雜。你需要注意的是「是」與「否」答案的比例，是的答案越多越好。

18－24個是：你在情緒方面發展得很好，並且幫助你內在的小孩在理解和接受方面成長。你展現了在情感生活中的安全感，和對他人情緒反應良好的優良結合。你不會渴望得到認可，也不會因對方不認可而畏縮。你的情緒反應已經過了經驗、理性和成熟度的考量和磨練。

13—17個是：你的情緒生活落在中間位置，接近社會的標準。你內在的小孩有時缺乏安全感，你可能不重視自己的情緒，或者不完全信賴它們，而會受到你寧可避免的情緒所襲擊。如果你個性內向，就會保留自己的感受，把它放在心裡，但如果你個性外向，那麼你的情緒就會展露在外面，讓全世界都看到。你可能喜歡躲進浪漫的幻想中，無論是藉由想像，或是透過電影和書籍逃避。

1—12個是：你內在的小孩對你有負面的影響，你的分數越低，這種自我挫敗的影響就越嚴重。你很難與成熟的成年人相處，你更喜歡和與你一樣不成熟、悲觀、自我懷疑和衝動的人在一起。在分數的較高端（10—12個是），你可能不會注意到這些缺陷，只是對你的情緒置之不理，一方面非常重視理性，另一方面又非常重視自我約束。在這兩種情況下，你都會對容易表現出情緒的人做出負面的判斷，你可能會覺得自己比他們優越。你只顧自己起伏的生活，對不能應付人生、解決自己問題的人毫不同情。就你的觀點，你越情緒化，在別人和你自己的眼裡，你就越脆弱。

我要強調，我們大多數人都很難對自己的情感生活完全誠實，所以這個測驗只是一般的指南。有些人很容易誇大自己的優點，就像有些人會誇大自己的缺點一樣。你只要把這個測驗當成一面鏡子，反映你對自己情緒一般的感受。

豐富的情感生活會讓你對自己的感情大方、開放、有彈性，但沒有兒童是以這種方式開始人生的，這就是為什麼我們全都需要超越童年和青春期的情感生活。然而有點矛盾的是，對於為什麼智人會在幾千年的時間裡演化成像我們這樣的情緒化，眾說紛紜。

演化並沒有讓人性一帆風順地發展。你的情緒可以為你提供一生中最美好和最糟糕的時刻。無論是哪一種方式，人類的心智都希望體驗「最大」的多樣性。正如我們永遠不會耗盡思想和言語一樣，我們也永遠不會耗盡感情。「最大」的意思正如它的字義——我們每一個人都遠遠超出了只想要始終如一美好、愉快的感覺。

每一種正面的感受都有一個陰暗雙生的對立面，不能只有其一而沒有其二。人類情感的盤根錯節在諸如「他是那種你又愛又恨的人」這種句子裡得到了證明。情詩裡充滿了愛情的痛苦和喜悅。佛洛伊德認為性是最原始的快樂，但性欲在聖經裡是罪，莎士比亞在第一二九首十四行詩中說：「把精力消耗在恥辱的荒地上／是色欲在行動」，傳達了圍繞著性歡愉較黑暗的情緒。然而一般來說，內心的事物是赤裸裸地暴露在陰影之下。

令人驚奇的是，我們無法解釋為什麼人類一開始會有情感。其他生物表現出的衝動會誘使我們把它們視同我們自己的感受。一頭大象死後，象群會圍著屍體靜靜地站上幾天，這在人看來就像是在哀悼。海豚不僅永遠保持微笑，而且似乎很高興在波浪中嬉戲。所有的哺乳動物寶寶似乎都把大部分時間花在遊戲，雖然我們說牠們玩得開心，但我們不可能知道動物的感受，我們無法窺探牠們的內心。

我們可以把最原始的衝動連結到顱骨底部大腦的下部，性欲和「戰鬥或逃跑」反應所在之處。但這些就算不是數億年前，也是遙遠過去原始人類的遺跡；很難找到沒有相同欲望的哺乳動物、鳥類或爬行動物。但不知為什麼，對每一種生物都有用的事物，對智人而言卻還不夠好，我們是唯一不信任我們基本衝動的生物。難道在幾千年的時光中，演化竟讓我們變成這樣了嗎？

我相信我們的情感不利於達爾文式的生存。舉例來說，我們人類會照顧老人、病人和殘障人士，這是一種人為生存的形式，因為天擇會淘汰病弱和老人。（我們也不能說同情心源自森林中的高等靈長類動物，因為居統治地位的雄性動物會出於完全的自私，運用凶殘和暴力來統治弱者。）

情感的目的並非根據達爾文主義而揭露，而是出於意識的層面上展現出來的。關於愛情的古老印度精神文獻《廣林奧義書》（*Brihadaranyaka Upanishad*）對此有精采的描述，這本經文的背景是王后想要聆聽她丈夫國王最奧祕的智慧，他們的對話親密、簡單，而誠實。在這本《奧義書》最重要的一行中，國王說：「所有的愛都是為了自己。」

國王似乎在說「所有的愛都是自私的」，然而這是錯的。他真正的意思是：我們似乎是因為另一個人的身體或思想而愛他，但其實所有的愛都來自更深的根源。我們可以把這個根源稱為靈魂或自己（Self）。大寫的S用來表示這個自己是超越小我（ego）的。換句話說，自己是每個人純粹覺知的一部分，即靈魂。愛某人，就會從自己到自己、從意識到意識、從靈魂到靈魂，形成情感的聯繫。

情緒的發展

我一直說，你可以相信創造性的智慧會為你提供一切，讓你做你需要做的事。這話也適用於你的情緒。有些情緒是你要過成功、充實生活所需要的，但也有些情緒是你不需要的。

我們之中很少有人以這種方式來面對情緒，相反地，我們為正面情緒和負面情緒貼上標籤，這在一定的程度上有其用處。但是以憤怒為例，它有時是負面的，有時是正面的，有時則是完全有害的。你能否在沒有憤怒的情況下生活，由你的情緒組成中把所有形式的憤怒都消除？根據瑜伽，澈悟的人所達到的美德之一是*Ahimsa*，通常翻譯為「非暴力」或「不傷害」。但這與消除憤怒不同，因為憤怒並非暴力。

或許這聽來很奇怪，但有愛的憤怒和平靜的憤怒。作母親的可能會責罵用蠟筆在牆上亂寫的幼兒，但她並不會喪失對孩子的愛。你可以表達對犯罪和戰爭的憤怒，但內心仍然保持平靜。重要的是你的意念，如果你的憤怒來自負面的意念，它就會把憤怒轉化為黑暗和具有威脅性的事物。我們全都可以感受到這一點。我們知道什麼時候有人只是生氣，什麼時候有人會攻擊我們或試圖控制我們，讓他的憤怒更進一步發展。我認識一位在晚年皈依佛教的婦女，她這麼做的一個原因是她因自己是憤怒、強勢、專橫的母親感到內疚。

在孩子小時，她總是任意發脾氣，有人稱之為自私或自戀的憤怒，即使她後來平靜下來，也從不向孩子道歉。不知為什麼，她忽略了自己與孩子之間破裂的關係。她向我談起自己的悔恨，因為如今已長大成人的兩個兒子都不能接受她是平和佛教徒的事實。

「我不再對他們憤怒了，」她說：「而且我盡力向他們顯示我有多愛他們。但他們在我身邊卻表現得僵硬而疏遠。我該怎麼做？」

「接受現狀，讓一切按他們的時程改變。」我說，但我也不大有信心。

「但這已經很多年了。」她悲嘆說。

出了什麼問題可想而知。她的兒子對母親的憤怒留下了深刻的印象，不是因為她發脾氣——所有的父母都會發脾氣，而是因為她憤怒背後的意念。這個意念告訴他們：「你們沒有價值。」當然，她沒有用言語直接傳達這個訊息，但無論如何孩子還是收到了，用的是孩子非常敏感的情感觸角。在我們成長的過程中，需要時間來讓我們硬起心腸，這就是這裡發生的情況。她的兒子在小男生的時期已經對他們的母親硬下心腸，以便在她下一次向他們發怒時保護自己。

背負過去痛苦和創傷的負擔會導致一種稱為「感情債」的情況（已故精神科醫師大衛．維康特〔David Viscott〕在他的著作中推廣了這個術語）。是什麼促成了感情債？不是憤怒、焦慮、羨慕、嫉妒或其他任何情緒。就這些情緒本身而言，除非它們依附於意念上，否則不會造成持久的傷害。不良的意念加上負面的情緒，共同造成了每個人由過去累積而來的感情債務。

感情債從何而來

過去融入了我們的情感組成。舊創和傷口留下了印痕，就像你的拇指在柔軟的黏土上留下印記一樣，只是情感的創傷留下的是隱形的傷痕。當你感到憤怒、焦慮、嫉妒或其他你後來懊悔的情緒時，你的過去正在對你說話。當你向另一個人發洩憤怒或表達擔憂時，你的過去正在透過你說話。

要一勞永逸地還清你的感情債，首先你得知道它從何而來。在你閱讀下面的清單時，暫停一下，把每一項都反省一下，看看你是否能找出任何自己是目標的場合。通常這些事件發生在家庭裡。

感情債務發生在：

有人對你施暴。這種暴力可能發生在身體上，也可能發生在心理上，可能是暴怒，也可能是一記耳光。

你在學校受到欺負，或者老師讓你認為自己愚蠢。

你受到不公平的懲罰，辯白也不起任何作用。

有人傷害了你的感情，而且毫不在乎。這背後隱藏的訊息是你無足輕重。

有人表面上好像喜歡你，但後來卻做出了不經意的背叛行為，例如在背後說你的閒話，或者分享他們承諾不會洩露的祕密。

有人用愛來操縱你。隱藏的訊息是，「如果你愛我，我就可以要你做我想做的事」。

親密伴侶與他人發生性關係，背叛了你。

競爭超越了相互較勁或比賽遊戲，變得更像戰爭。在這種情況下，你會因對方的攻擊而措手不及，因而暴露你的弱點。這給你的訊息是：「不要那麼信任人，這是軟弱的表現。」

父母偏愛一個孩子勝過其他孩子。當不受寵的孩子受到指責和貶抑，以強調他們不值得與受寵的孩子得到一樣的愛時，破壞性最強。

父母與年幼的孩子分享成人的情感。孩子和成人之間必須有所區分，才能讓孩子感到安全。如果父母把自己的擔憂和焦慮轉嫁給孩子，就會讓孩子產生巨大的焦慮。結果是一種情感的結：孩子知道父母有麻煩，卻無法改善情況。

這個清單可以繼續下去，但只要你了解感情債的運作方式，你就會看到不良意念和它造成的傷害之間的關係。有了這種覺知，你就可以開始消除傷害，並豁免你的感情債。接下來我們將進入治療過程。

豁免你的債務

當心輪容許過去的情感殘留物沖走時，它就開始癒合，不是藉由痛苦地回到過去，而是透過豐盛的創造性智慧流。很顯然，你不可能在擁有豐富的感情生活時還欠下感情債。情緒最好的治療師就是情緒本身。體驗片刻的喜悅，在那一個時刻，一點舊的悲傷就消失了。就像襯衫上的頑漬一樣，要洗掉情感的頑漬需要更多的時間，但方法是一樣的，而且每個階段都有希望和進步。

要成為你自己的治療師，請讓自己與創造性智慧保持緊密連結，因為它只想要對你有益的東西。在任何特定的時刻，你的意念都是關鍵。學會認清你真正的意念，你不需要其他的事物，不必對自己或其他任何人心理分析。保持專注，並處於單純的覺知中。

與創造性智慧緊密結合的意念非常明顯；它們沒有神祕之處。你隨時可以採用它們。意念是以「我想要」的句子表達。

單純覺知的意念

- 我想要更充實。

- 我想要更快樂。
- 我想要和平。
- 我想要有創意。
- 我想要產生積極的影響。
- 我想要開放和坦誠。
- 我想要對每個人都最好的事物。
- 我想要正確和真實的事物。
- 我想要在情感上與他人親近。

創造性智慧的流動以你需要的方式支持你。當你不再阻擋它時，你需要的事物就會出現。問題是我們所有人都反覆無常——有時我們行事是出於好的意念，但有時不是。事情變得錯綜複雜，情感開始與我們的快樂作對，情況開始偏離正軌。

大多數人在情感上都感到不安，他們對憤怒、恐懼或焦慮等強烈情緒的反應是藉著傳遞的方式試圖擺脫它們，就像把燙手的山芋扔給他人一樣。歸咎他人特別有效，因為歸咎他人可以讓你開脫自己，不必承擔自己窘境的責任，同時解除內疚。怪罪他人，愧疚感就會平息。任何差錯都不是你的錯。

但是傳遞愧疚感是最糟糕的意念，因為這樣做對自己和他人都沒有好處。當你在玩這種經常出現在人際關係中的情感騙局時，並不難辨識。由於像歸咎他人這樣的習慣在人際關係中具有莫大的破壞性，所以可以並且應該要戒除它。我們不難看出這個遊戲是如何進行的。

「向下傳遞」的策略

- 攻擊
- 歸咎他人
- 依附
- 支配
- 操縱
- 控制

其中每一個都需要略作解釋。

重要的是不要粉飾這些行為，並了解它們真正的來源。

攻擊是出於對他人的憤怒。我們常用「她活該」，或「我必須保護自己」之類的言語，來開脫自己的這種行為。在最糟糕的時候，我們甚至懶得為自己辯護。我們不假思索就激烈地反擊、表現不耐的態度、貶低他人，以及表現出義憤填膺的態度，然而在如上每一個情況中，對方都會感覺自己受到攻擊。無論你想出什麼藉口，你都是攻擊者，這是你必須承認的。

歸咎他人通常直接出自內在的小孩，他們覺得自己不足或不夠安全，無法處理這種愧咎感。每當孩子不知所措時，就會求助於父母；父母更堅強，更有能力。在你責怪別人時，你也是以一種扭曲的方式在做同樣的事情。你是在含蓄地承認你是弱者，而對方是強者。你是在要求他們承擔你無法承擔或不想承擔的負擔。對方會覺得這樣不公平，因為歸咎是不平衡的，你承擔的負荷太少，而傳遞出去的太多。

依附也是由童年遺留下來的行為。如果你觀察靈長類動物，猴子、黑猩猩、狐猴和所有其他動物的幼兒都會依附牠們的母親，並且被母親隨身帶著。藉著這種方式，牠們覺得自己受到保護，直到牠們覺得世界不再具有威脅性，才會停止依附在母親身上。這其中會有一段時間，幼兒獨自冒險外出，但只要一有絲毫危險跡象，牠就會衝回去緊緊抱住母親。

人類嬰兒最初的動作技巧之一，就是用手依附抓握；早在寶寶九個月大時，只要陌生人出現，他們就會緊緊抓住母親不放。然而在感情債的情況下，依附是情感上的。你被動地依附於你認為比較強大的人，讓他們處理決策。在壓力大的時候，你會變得無助，需要別人來照顧你。在這些情況下，對方會覺得他們是在和兒童打交道。

支配是一種霸凌的策略，儘管社會大眾強烈抗議社交媒體上充斥的霸凌行為（通常針對青少年和青春期前九至十二歲的兒童），但其實欺凌行為開始得早得多。如果你像研究野外靈長類行為的靈長動物學家一樣思考，就會發現霸凌是在家族或群體中雄性之間建立支配地位的方式（同時向雌性表明她們是屈從的）。但以靈長類動物和人類相比是不當的類比。具有自我覺知的智人並不需要支配或屈服於我們的其他同類。我們能夠自力更生，自給自足；我們可以選擇合作，而非競爭。

支配行為是一種倒退的捷徑。它倒退是因為它回復到校園霸凌的狀態，並阻止任何真正的情緒往來或談判的機會。占支配地位的人只想在各種情況下都占上風。其他人覺得他們受到貶抑，被剝奪了分功、分享風頭和做出貢獻的權利。

操縱通常源於童年時期，當你發現花言巧語和抱怨可以讓你得到你想要的事物之時。你自私地操縱父母，利用他們的愛。如果你內在的小孩在過去學到操縱有用，那麼這種策略會以各種形式延續到成年期。你會因為有人沒有給你你想要的事物，而讓他感到愧疚，因而達到你的目的。你生悶氣，噘嘴，沉默，表示他們讓你多麼不開心。你裝腔作勢，表演得很誇張。這種操縱的目標常常沒有發現他們受到操縱（除非他們自己正好是這方面的專家），要等他們感覺自己受到控制，或意識到對方出於自私的動機裝出反應時，才會開始注意到這一點。

控制乍看之下，似乎並不是由童年時期的行為中發展出來的，但是可以由一些粗糙的做法看出控制的跡象，比如在公共場合發脾氣——一旦父母讓步，原本在哭鬧的兩歲幼兒就會像關上開關一樣停止鬧脾氣。但在成年人身上，控制行為會以更複雜的方式出現，例如追求完美、永不滿足或時時保持警覺。嫉妒的配偶可能會要求伴侶說明她一天當中的每一分鐘在哪裡。通常在控制的需要背後並沒有明顯的動機。控制行為的根源可能很複雜，但對方卻輕而易舉就知道它對他們有什麼影響：他們感到自己受到束縛、窒息，並且被強迫接受他人的意志。

結束遊戲

針對這些行為中的每一種，我都試圖表現在傳遞歉疚感的遊戲中，這樣做是什麼感覺，以及當你成為這種行為的對象，感覺到自己是受害者時的感覺。

如果你發現自己有任何這些行為，請停止這麼做。暫停一下，讓自己回到較平衡的覺知狀態。如果你發現有人正在使用這些策略中的任何一種來對付你，請拒絕玩遊戲。你很容易因觸發而反擊，但也很容易說：「我覺得這樣不對。讓我獨處片刻。」或者，如果這些言語讓你覺得尷尬，只需要說「暫停」。如果你置身的工作環境，無法採取這些反應，請盡早退出。

如果你發現自己和另一個人一起陷入傳遞愧疚感的遊戲中，較好的意念未必總會出現。通常很難把惡劣的情緒氛圍轉化為愉快的情緒氛圍，同樣地，如果你突然發現自己的意念走偏了，往往也很難把負面情緒轉化為正面情緒。不要給自己增加不應有的負擔，矯正別人或改善糟糕的情況並非由你決定。

然而，你始終可以做的一件事就是對自己的感受負責。這和傳遞它們相反。你刻意地決定不採用對任何人都沒有好處的策略。藉由這麼做，你為創造性智慧提供了作業空間。在你這方面，心理的轉變是刻意的，但是是由創造性的智慧產生你所需要的情緒，這是你所想的想法和你所說的言語的一部分。它們相互依附。你無法找出某種情境下的正確情緒，有太多來自過去的干擾，無法給你清晰的視角。無論如何，當你設法了解特定的情緒時，情緒的自發性已經消失了，而最重要的是情緒需要是自動自發的。

在脈輪所象徵的每一個層面信任都是必要的，心輪當然也是如此。情緒的智慧是巨大的發現，一旦你有發現它的意念，它就在等待你。為創造性的智慧打開一個空間，你就會發現感受自己的人生是巨大的快樂，正如它應該的那樣。

啟動心輪

這個脈輪加強心智的各個層面，尤其是直覺、洞察力和想像力。下面是不僅可用於心輪，而且也適用於每一個脈輪的概括做法：

- 保持單純的覺知。當你發現自己「不是」時，請花幾分鐘，讓自己集中注意力。
- 冥想咒語Yam（頁一一四）。
- 冥想「我是愛」或「我散發愛」的中心思想（頁一一七）。

其他步驟比較具體地針對啟動心輪。一旦你在覺知中接觸到這種愛或喜樂情緒的種子，你就可以隨時擴展它，這是接下來冥想的目標。

這兩種冥想都是獨自靜坐在一個安靜的房間裡進行的，沒有外界的干擾。閉上眼睛，深呼吸幾次，集中注意力，為冥想做準備。

冥想#1

花點時間回憶一下帶給你純粹歡喜與快樂的經歷，也許是與婚禮或出生一樣重要的事件，但也未必非要如此重要不可。或許海上的夕陽或者一曲音樂也會讓你有欣喜若狂的感受。

藉由盡可能生動地想像，重溫這種感覺。不要強求回憶，讓它自然出現。在這樣做的時候，注意你的心，這是身體感受到快樂的地方。把注意力放在這種發自內心的喜悅上，靜坐幾分鐘，然後慢慢睜開眼睛。把注意力集中在喜悅的感覺上，直到它自行消退。

冥想#2

喜樂的意識由頂輪流向心臟，它在心那裡的體驗是溫暖、愛和喜悅。視覺化的想像在這裡非常有幫助。想像就在你的頭頂上方有個明亮的光點。在不勉強的情況下，看到這個光點越來越燦爛。當你對此有清晰的影像時，讓光向下流動，讓它逐漸充滿你的心。

藍光或白光通常最有效。如果它來得容易，就想像你的心是由光所做成的。讓你自己向外散發出明亮的光芒。在這個冥想中，喜樂的感覺就像光的副作用，你不必把它當作一種感覺去追求。

第三脈輪——有力的行動

第三脈輪
位置：太陽神經叢　**主題：**有力的行動
理想的特質：身體健康；意志力；決心；成功的活動

對於大多數人來說，真正掌握個人的力量似乎並不可能，許多人正好有相反的感覺——他們無法控制人生把他們帶往何方。變化的浪潮無所不在，現代生活包含了上一代人作夢也想不到的錯綜複雜。在人類活動的騷亂中，大自然的力量漠不關心地發揮它們自己的作用，一如數十億年來一樣。這樣的一幅圖畫把你我縮小為微不足道的小點，它們的存在對萬物的安排沒有真正的影響。

脈輪系統顛覆了這整個畫面。它把個人力量置於擁有無窮力量的創造性智慧計畫中。一旦你覺知到你的力量，它就存在於意識中。第三脈輪位於肚臍上方的太陽神經叢周圍，被稱為能量脈輪。它的能量與各種行動相關，其中也包括驅動它的動機。

創造性智慧知道如何成功地達到你所追求的目標。成功的行動是瑜伽對個人力量的定義，由這種新的角度來看，感到虛弱、孤獨、隔離、微不足道和渺小是不真實的，這些感覺是你與你的根源連結斷裂的症狀。

喜樂意識不僅僅是一種主觀的經驗——它連結你和世界。思想，尤其是強烈的意念，使事情自然地發生。如果你已經接受了這個想法，我會十分驚訝，最好的方法，是你讀完本章後，在你的日常活動中作實驗。如果創造性智慧的流動真的可以在「外在」的世界中完成事情，那麼你就追隨你的喜樂進入所謂的真實世界。

無疑地，你常常覺得自己力不從心，但你在懷疑、恐懼和軟弱時所體驗到的，其實是你對世界的回應。你感到力不從心，因為你做出無能為力的回應。如果你保持同樣的回應，同樣的感覺就會持續存在。第三脈輪可以讓你成為改變自己人生的強大動力，並且延伸到你周遭的每一個人。喜樂應該滿溢在世界上，就像日本人慷慨的習俗一樣——主人為客人倒酒，直到酒水溢出杯外。

第三個脈輪是你的動力區，意念和實踐在此自動連結在一起。藉著讓喜樂意識接管整個過程，你可以不受拘束地追隨自己的願景，知道創造性智慧就在你這一邊。這話聽來雖激進，但再沒有比讓你的行動與你的願景緊密結合更安全的了。

進入狀況

你可以由一組條件得知自己是由能量脈輪展開行動，這些條件在運動比賽中廣為人知，你可能聽說過「in the zone」（進入狀況，達到專心一致的最佳狀態）一詞。當足球隊員進入狀況時，不但能完成每一次的傳球，而且是以非比尋常的方式，彷彿有神之助，讓它自然而然地發生一樣。高球員能在一百五十碼外一桿進洞也是出於同樣的原因。匯聚在競技運動中的努力、練習、緊張和腎上腺素都消失了，取而代之的是一組截然不同的體驗。

專心一致的最佳狀態並不是運動所獨有，本書中的目標是讓它成為一種正常的體驗。我們幾乎可以肯定，你一定有過這樣的體驗，只是並沒有用這個詞描述它。這樣的經驗有以下這些成分：

- 你確信自己會成功。
- 你感到內心平靜，但也非常清醒和警覺。
- 所有的障礙都消失了。
- 你感到體內有一股蠢蠢欲動的能量。
- 你體驗到存在之輕。

- 動作似乎是自動發生的。
- 時間可能會變慢，甚至似乎停止。
- 你感到無憂無慮和歡喜。

這些成分或許在日常生活中顯得很陌生，但我們大多數人都曾在一種特殊的情況下經歷過它：墜入愛河。在美式足球比賽中接住長傳旋球的外接員並不像在茱麗葉陽台下訴衷腸的羅密歐，但他們因喜樂的意識而聯繫在一起。我們已經習慣把「內心這裡」和「外在那裡」區分開來，因此愛人的狂喜似乎與明星賽足球員躍起搶球完全不同。但實際上，無論我們在「這裡」還是「那裡」體驗它，都只有一種專心一致的最佳狀態，痴心的情人和職業運動員一樣占據著這塊領域。

可惜的是，每個人在這塊領域之外的經驗更多，我們對障礙、挫折和失敗早已習以為常，這個事實證明了創造性智慧正受到阻礙。你真正想要的和你實際上得到的之間脫了節，這點必須改變。處於最佳狀態是正常的，它所需要的只是打開第三脈輪，讓創造性智慧流過它。正如我們將看到的，解開第三脈輪必須藉由覺知的轉變才能發生，而這是可能辦到的。

擁有專心一致的最佳狀態

現在你知道你需要做出的轉變，讓創造性智慧接管每一個行動。行動的範疇很巨大，無論你做什麼，總有遇到意外、錯誤、障礙和不可預見後果的可能性。但是當你明白你只需要單純的覺知時，情況就會改變。藉由保持單純的覺知，你會發現自己如何擁有專心一致的最佳狀態。

你已經熟悉了單純覺知的感受；它的特點是內心平靜、警覺和放鬆。訣竅是保持單純的覺知，同時度過充滿要求、責任和干擾的一天。瑜伽的傳統非常重視在單純覺知中充滿信心地休憩的能力，而在西方，單純的覺知在日常生活中幾乎沒有立足之地。

相反地，西方人經常被告知要把重心放在外在因素。如果你和其他無數人一樣抱持西方的觀點，壓力和緊張就會增加。這不可避免，因為如果你要獲得成功，就必須把精力分散在許多方面。你真的能夠做到以下全部的事項嗎？

- 保持積極的態度
- 努力成為贏家而不是輸家
- 激發你和周遭人們的動機

- 在機會出現時把握它
- 受到挫折之後重新振作
- 不顯出恐懼或惴惴不安
- 保持士氣並鼓舞周圍的人
- 滿足努力奮鬥的需要

重視這一切對於成功的神話攸關緊要。把這種神話當成生活方式，成功可能會隨之而來，即使不是一逕如此，至少在某些時候會如此。但是有一個主要的障礙：這種西方的方法會讓你脫離專心一致的狀態，一旦發生這種情況，你必然會置身在最佳狀態之外。顧名思義，埋頭為成功而奮鬥，會讓你一直在奮鬥。在玩家只關心輸贏的遊戲中，長久下來，結果既不是贏也不是輸——最常見的結果是筋疲力竭和倦怠。太多人疲憊不堪、壓力重重，因為他們認為這是他們必須要為成功而付出的代價。

注意你沒有進入狀況的跡象非常重要，其中包括：

- 你對工作感到厭倦，甚至厭惡你的工作。
- 你的人生漫無目的。

- 你被無力感壓垮。你想道，「這一切有什麼重要呢？」
- 你所做的事需要耗盡力氣，奮力掙扎，用光你的精力。
- 你不確定下一步的行動。
- 你的注意力分散；你很容易分心。
- 你發現自己太過努力。
- 你對最後的結果感到緊張和困惑。
- 你遇到阻力和障礙。
- 你感到壓力的跡象，例如身體緊繃，精神焦慮。
- 你感到心理的負擔和不安。

讓我們假設精神不集中是最常見的情況，瑜伽之道不是對抗上面列出的症狀。正如你可能知道的，瑜伽只教導一種必要的做法：不要妨礙自己。保持單純的覺知，讓創造性智慧接管。這牽涉三件事：觀照、超脫和無為，每一個都是自然而然地發生；你只需要注意它們，讓它們成為你日常活動中有意義的一部分。

注意：為了讓你親身體驗覺知的這三個層面，請參閱本章末尾的冥想。

觀照：當你在觀看自己的行為時，你就處於觀察者的位置。我們每一個人在不知不覺之中已經是觀察者，只是觀察的方式漫無規則。我們會情不自禁地注意到自己在做什麼，不論這個活動是像走到冰箱那裡一樣微不足道，或是像主持董事會議一樣重要。觀察者是自我覺知的必要部分——不是透過你的眼睛去看，而是有意識地覺知到自己在做什麼。

然而很多時候，人們做的是習慣性和無意識的行為。他們維持在機械性的習慣，重複同樣的舊行為——身體上、精神上，甚至性靈上也是如此。觀照的元素被推到看不見之處，取而代之的是機械動作。另一方面，當人「進入狀態」時，會感覺自己彷彿站在體外，觀察自己的行為，就像在看電影或作夢一樣。本質上，觀照取代了自我。

在觀照時，自我的預設活動——喜歡和不喜歡、接受和拒絕，都逐漸消失，而由更廣泛、更深入、更強大的力量接管了一切，這就是創造性智慧。它由比自我所擁有更寬廣的覺知發揮作用。你仍然有意念，就像以往一樣，但你並沒有失去自我覺知。身為觀照者的你非常清楚地看到自己在做什麼，就像全神貫注地看電影，而不注意房間裡的其他事物一樣。

超脫：這就是鬆手、放下的體驗。在你超脫時，就不再需要強迫、掙扎、推動和花費最大的努力。這些都是自我的策略，因為自我想藉由任何必要的手段得到它想要的東西。有些人會進入專心一致的最佳狀態，在特別的情況下（例如，季後賽或在戰爭前線）做出非凡的表現，但他們事後卻說：「這並不是我做的。」換言之，他們意識到自己處於由無法形容的力量控制的狀態。

自我不信任超脫，因為社會是各個獨立自我組成的集合，沒有人受教要重視超脫——正好相反。在西方，超脫被視同被動、冷漠，袖手旁觀，坐視人生由你眼前溜走。這種觀點忽視了一件事：為了保持活力，發揮機能，超脫是非常必要的。生理學家把中樞神經系統分為兩部分，即自主（voluntary）和非自主（involuntary）神經系統。自主系統受我們意識的控制；非自主系統自動運行，無須我們選擇，不會出現控制的問題，而且儘管我們占有自己的肉身，卻無論如何都無法接管它。假設現代醫學可以追踪它們的功能，列印出發生在你體內每項功能的資料一定會長達一英里。

不必我們干預，創造性智慧在我們體內能展現到奇蹟般的程度，我們體內的非自主功能很高興（如果它們能說話）不必忍受我們的干預。不幸的是，我們確實干預了。我們讓自己每天承受壓力，導致非自主神經系統超載。雖然人體有高度的適應能力，可以承受超載，但最後必須付出代價，表現在壓力、老化和慢性病發作的長久影響。

在這些範圍中，冥想的好處已人盡皆知，幾乎不必再談，但值得一提的是，第一個好處是對非自主神經系統有益。在冥想中，你體驗到單純的意識，你的身體經驗到沒有壓力的狀態。這段解脫和放鬆的時期容許痊癒反應開始消除超載的不良影響。這點也同樣適用於自主神經系統。讓有意識的心智由不斷的辛勞活動中得到喘息，因而打開一個空間，讓創造性的智慧進入情境，帶來清澄的心靈、集中的注意力、放鬆的覺知，以及對新答案和解決方法的開放態度。

一旦你理解了全局，超脫的負面含義就消除了。你不是冷漠被動，取而代之的是你停止干預，讓創造性智慧可以做它該做的事。

無為：我們接受的教導是，人生就是要有為，所以一聽到無為這個詞，就算不認為它辦不到，也會覺得這是怠惰而心存懷疑。如果你停止作為，結果就只是靜止和停滯。但無為實際上是讓你的行動更成功的途徑，這點需要解釋一下。

在你「進入狀態」時，可以完成偉大的成就，但這並不是你「進入狀態」的主要原因，主要的原因是重新連結喜樂覺知。只要你保持連結，創造性智慧就會充分發揮作用，讓你停止干擾人生。你覺得沒有必要干預——事情會自然而然地順利進行。你會發現自己在沒有緊張、壓力或要求的情況下做出選擇。隨心所欲做你想做的事，會帶來最有成效和最成功的結果。

正如你想像，你的自我不願如此。它會到處發出示警的訊號：**如果你只是站在一旁，任由這種所謂的創造性智慧發揮，怎麼可能生存下去？更談不上成功了，這恐怕是一種神祕想像的謊言。**自我的異議聽起來很有道理，但這只是因為自我由它自己狹隘的視角來看待人生。它被剝除了單純的意識，因為自我層面的人生就是

「這對我有什麼好處？」它只在乎欲望和需求，即使這些需求出自想像。

單純的覺知並不是以這種方式運作。觀照、超然和無為不是私心；你並不打算得到它們。它們是單純覺知的各個層面，它們存在你心裡，是「我已足夠」的一部分。要完全理解這一點，你需要體驗無為，才能知道它是你的一部分，就像你需要體驗超然和觀照一樣。這就是切入自我覺知的路徑之處，讓你與真正的自己重新建立聯繫。

尋找路徑

自我有自私的一面，這是一種強大的動力，但你的自我所成就的一切，都不會讓你進入專心一致的最佳狀態。只是我們不能責怪人們追隨自我所引導的方向。一個小小的聲音可能會告訴我們要找到更好的方法，只是這種方法並不會神奇地出現。無論你過得多好，基於「我還不夠」所建立的旅程最後都會以未滿足的承諾告終。

我最近正好讀到一個和這個教訓有關的心酸例子。在奧地利維也納郊外約二十英里的一個小村莊裡，當地治安官的遺孀獨居在空蕩蕩的房子裡。她名叫瑪麗安・貝希托德（Marianne Berchtold），一七五一年出生在一個音樂世家。年邁的瑪麗安（幼時名為南妮兒〔Nannerl〕）多年來健康狀況一直在退步。一名訪客在一八二九年形容她「失明、無精打采、筋疲力竭、虛弱無力，幾乎不說話」。

如果你是樂迷，你可能知道莫札特有個綽號南妮兒的姊姊，她和莫札特組成了音樂史上最著名的神童二人組，她就是後來孤獨的貝希托德女士。南妮兒八歲時已是才華橫溢的鋼琴家。大家原先一定會認為她表現非凡，琴藝能勝過許多成年人，只是她弟弟沃夫岡．莫札特是更大的奇蹟。

小莫札特四歲時，已經開始彈奏南妮兒會彈奏的所有曲目，此外，他五歲時開始作曲，並且可以即興創作任何交給他的曲調。他一眼就能記住很長的曲子，當他們的父親李奧波德帶他們去巡迴演出時，小莫札特喜歡表演一個把戲，讓人用一塊布蓋住鋼琴或大鍵琴的鍵盤，這名神童就可以把雙手放在布的下面，在看不到鍵盤的情況下演奏而毫不出錯。

很難把失明且近乎不說話的貝希托德女士與在表演時琴藝與莫札特不相上下的女孩聯想在一起。她受到歐洲國王和王后的欣賞，莫札特姊弟在數百個貴族家庭演奏過，收到豐厚的禮物。南妮兒和小莫札特關係密切，不過他們在一七八六年他三十五歲不幸早逝之前就失去了聯繫。她比他多活了將近四十年，但在童年之後，她就沒有演奏生涯了。

儘管她的天賦條件非比尋常，但她最後還是浪費了自己的才華，並因局限而受到束縛。如果南妮兒能生在我們這個時代，她的情況就會大為不同。在十八世紀的維也納，女性無法成為音樂家。要是在今天，南妮兒大可為自己謀得事業生涯。社會會給她其他選擇，而不是讓她服從父親，然後被綁在沒沒無聞小地方的治安官身邊。最重要的是，她本可以安享晚年，如果她患有白內障或青光眼這兩種最常見的失明原因，現在都可以治癒，那麼她可能不會失明。（莫札特是怎麼死的還不得而知，但最可能的猜測是風濕熱，如今只要用抗生素就可治癒。）

在你改善了所有這些令人苦惱的情況之後，自我覺知的路徑也會像在十八世紀一樣隱藏不明。音樂天賦是來自創造性智慧的恩賜，但它不會改變人的覺知狀態。如果你有一根魔杖，可以驅除所有外在的痛苦，你依然無法把人由心智所創造的監獄中解救出來。

把自己由心智製造的監獄中解放出來的抉擇取決於你。讓自己超脫「我還不夠」的心態，是你的第一個也是最重要的計畫。莫札特姊弟很幸運能由富有的贊助人那裡獲得許多金錢，而你的幸運則在於：無論人生對你是好是壞，隱藏的路徑從未拒絕你。它依舊純淨，仍然像以往一樣觸手可及。

瑜伽開啟了每一種可能，提供了人類狀況的普遍遠見。當你覺知自己想去的地方，追隨一個願景時，隱藏的路徑就會啟動。下面是瑜伽的願景，以適用於每一個人的言詞來表達。

你可以依賴的願景

- 衡量成功的真正標準是快樂。
- 處在最佳狀態是正常的。
- 清醒是持續的過程。
- 你的現實是在你的覺知中創造的。
- 人生是充滿無限可能的領域。
- 每一天都應該帶來更多的滿足。
- 努力和掙扎是不必要的。
- 有一條脫離痛苦和折磨的路徑。

這些道理大多聽來熟悉，因為我在每個脈輪顯示出喜樂覺知的新轉變時都運用了它們。現在我們已經來到行動的層次，它把喜樂帶入家庭、朋友、工作和人際關係的日常世界。無論「外在」的世界對你提出多少要求，你都可以按照自己的願景生活。讓我把願景變為現實，以便由現在開始，就做出明確的選擇。

每天演進發展

人生是不斷變化的，這並非祕密——我們所有人都被變化所擺布。變化本身是沒有意義的。一塊被遺棄在大自然中的石頭，最後會被風雨侵蝕，變成塵土。岩石中的基本物質以及風和水的元素大約花了二十億年，找到了超越混沌的演化方式，這個方式就是我們所說的生命，因為生物利用地球的原始物質來演化。演化是戰勝混沌的反擊。

這在數十億年前是正確的，現在依然也是正確的，只是層次更高。人類可以有意識地演化。無論我們發明了多少奇妙的小玩意，做出了多少令人難以置信的發現，這一切都意味著進步，而所有的演進都始於覺知。一切都歸結於個人的演化和每天演化的抉擇。

你現在就可以做出選擇，克服混亂無序和功能障礙，演進發展。下面就是一些例子：

- 採取措施，減輕家庭或工作中的壓力。
- 讓你周圍的環境平靜有序。
- 停止做一件你知道對自己有害的事情。

- 開始做一件你知道對你有益的事情。
- 優先考慮你的內心生活。
- 尋找靈感的來源。
- 與鼓舞支持你的人增加聯繫。
- 與讓你氣餒或虐待你的人減少接觸。
- 協助鼓舞他人。

逆轉熵

人生本應順暢流動，而沒有掙扎和阻力。遇到掙扎和阻力時，就會耗盡能量。在物理學中，這個現象被稱為熵。如果你不做出讓你的能量保持新鮮和更新的選擇，你就是向熵屈服。人人都知道在某個情況或某個人讓他們的情感疲憊枯竭時的感受，然而能量消耗不只出現在需要精心呵護的關係之中，也不只限於你忙碌一天之後筋疲力盡的感受。

真正的傷害在於：熵是演進發展的對立面。當你在全神貫注防止失序和混亂，當你掙扎要度過一天而不筋疲力竭，當壓力持續存在——即使壓力的強度並不高，你就無法演化發展。在物理學中，熵主要適用於自然界中熱量分散並達到平均程度的趨勢，但在人類事務中，我們希望每天在精神、情感和身體這些層面都有新的能量。

下面是降低熵，並鼓勵更新的一些建議：

- 把你的工作量控制在你的舒適區內。
- 每個小時花點時間伸展和活動一下。
- 不論任何活動，都不要做到疲憊的地步。
- 每天坐下來短暫放鬆幾次。
- 不要依賴咖啡或其他刺激物。
- 專注於獲得充足的睡眠，讓你在早上感到精神煥發。
- 避免可能會導致爭吵的情況。
- 讓家裡的每個人分擔家務。不要為別人該做的事情承擔責任而犧牲自己。
- 打破任何無聊、常規或老套的活動。在理想情況下，盡可能減少這類活動。
- 認真降低壓力。
- 避開讓你心力交瘁的人。

接近根源

在你從事任何活動時，創造性智慧就會流入活動中。創造性智慧在根源處最強，所以你的行動——無論它們是什麼，都應該讓你接近根源。每當你深深地專注於某件事物時，就是你接近根源的標誌。創造性活動讓你接近根源，就像冥想一樣，兩者的大腦活動看起來非常相似。每當你感到喜樂、振奮、歡欣或愉快時，這就是另一個跡象。珍惜並保持這種覺知狀態。活躍的心智往往一觸即發——任何分心都會破壞接近根源時安靜但強烈專注的狀態。你的目標應該是每天體驗靠近根源的感覺。

以下是引導你的一些建議：

- 一次專注於一件事。不要一心多用。
- 如果你發現自己注意力不集中，閉上眼睛，停下來休息幾分鐘。
- 每天抽出時間做一些有創造力的事情。
- 反省真正為你個人帶來快樂的事情，並騰出時間去做它。
- 定期冥想或瑜伽。
- 花時間沉浸在大自然之美中。

• 在一天當中，請其他人容許你有不受打擾的時間，讓你可以進行專注的活動。
• 每天至少關閉智慧型手機半小時。在需要專心或創造性活動期間將它關起來。
• 不要依賴讓你的心智變得懶惰和被動的活動，例如看電視。

擴展你的可能性

你的根源是無限可能的領域。人類享有無限的存在，因為生命的可能性永遠不會耗盡。但是強大的內在和外在壓力嚴重限制了人能夠體驗的可能性。順從其他人的壓力、不想成為局外人的願望、壓抑的情感，和團隊迷思都在發揮約束力。一般人或許不會像舒伯特那樣每年創作四十首曲子（幾乎是莫札特速度的兩倍），也趕不上愛迪生一千零九十三項專利發明，更不用說像伏爾泰和其他十幾位作家那樣寫出兩千多部作品。但創造性智慧依舊存在，讓人們擴展、探索、了解和發現。這和痴迷不同，痴迷仰賴重複，導致疲憊，缺乏享受的感覺。每天擴展你的可能性，為你的生活帶來活力；你選擇的方向取決於你。

以下是引導你的一些建議：

- 進行一項具有長期挑戰性的計畫，例如學習外語。
- 讓自己接觸具有挑戰性的想法。
- 參與擴展你界限的活動，例如社區或慈善工作。
- 參與志願工作，接觸在種族、教育或社會階層等方面與你不同的人。
- 攻讀大學或研究所學位。
- 收聽可以播下新興趣種子的播客或參加講座。
- 引導談話遠離閒聊八卦，提出實際的話題進行討論。
- 尋找知己，與他分享你內心最深處的想法和感受。
- 擔任指導者。

如你所見，擁有願景並每天付諸實踐是活動最高和最佳用途。它使創造性智慧的流動保持活躍。從外部觀察，我們無法判斷動物是否體驗到活潑歡樂的生活，反過來，牠們也無法分辨人類如何因開放式的存在而與眾不同。然而可以肯定的是，我們生來就是要體驗不斷變化和演進的人生。個人成長是人類獨有的可能，每天利用這種可能，你就會進入專心一致的最佳狀態，由創造性智慧賦予你力量，成為你正常的生活方式。

啟動太陽神經叢脈輪

這個脈輪加強了行動的各個方面，尤其是意念和結果之間的聯繫。下面是不僅可用於太陽神經叢輪，而且也適用於每一個脈輪的概括做法：

- 保持簡單的覺知。當你發現自己「不是」時，請花幾分鐘讓自己集中注意力。
- 冥想咒語 Ram（頁一一四）。
- 冥想「我在我的力量之中」或「我在賦予力量」（頁一一七）這個中心思想。

其他步驟則更具體地以啟動你的能量脈輪為目標。瑜伽非常明確地說明了欲望如何在意念層面實現。你繞過了自我無止盡的欲望狀態，這種狀態專注在重複過去的愉快經歷，它們不斷地湧現，阻礙了你對更深層意識的看法。

根據瑜伽，在喋喋不休的心智之下，意念可以透過一種稱為「三夜摩」（Samyama）的技巧來實現，這個詞是梵文，意思是「保持」或「綁在一起」。在此例中，你是把意念和它產生的結果結合在一起。「三夜摩」把三種成分合而為一，這三者都存在於你的正常思維過程中，但沒有太大的影響力。力量來自深化這個過程。

在你的意念比心智表面的活動更深入時，這就是所謂的「三昧」（Samadhi，**或譯三摩地**）。當你心中有一個強烈的意念時，這就是所謂的「執持」（Dharana，**即專注**）。當你保持專心，等待即將發生的事時，這就是所謂的「禪那」（Dhyana，**或譯禪定，即冥想**）。

撇開梵文術語不談，重要的是三夜摩與你日常的思考和欲望一樣自然。如果你會拉大提琴或能做出完美的巧克力舒芙蕾，你就會進入這種技巧所在的覺知層面，全神貫注地留在那個層面，然後明確地指出你想要達到的目標。

熟練三夜摩是從單純的覺知自然發展而來的，你知道你練習得越多，就可以透過咒語冥想加深它。最大的挑戰可能在於三昧，即你所能達到的覺知水平。你不能光是對自己說「我想更深入」，就達到目標。僅僅說這樣的話是不夠的。在三昧中，不會有任何驚人的體驗，直到它在你的意識中變得如此深刻，因而時間和自我消失，讓你非常接近覺知基礎上的永恆靜寂。

遵循以下幾點，你可以在三夜摩這方面做得更好：

- 每天找時間進行一、兩次咒語冥想，持續十五至二十分鐘。
- 在滿意的冥想結束時，刻意地看到你希望發生的事情。然後對這種意念可能如何發揮作用保持警覺。
- 在活動中，當你體驗到片刻的平靜心靈時，請融入其中，而不是讓它過去。
- 當好事不費吹灰之力就出現在你面前時，注意到這一點並默默地說，「這發揮了效果」，意即自我覺知的路徑。
- 無論你經歷的是成功還是挫折，都輕鬆對待自己。負擔不在你身上。創造性智慧正在盡其所能地在你身上發揮作用。
- 不要急於追逐自我的要求和欲望，每天都要有一段休息的時間。欣賞自然世界。當你有空閒享受這種體驗時，在你心裡安頓下來。

第二脈輪——欲望之路

第二脈輪

位置：下背部（薦骨）　**主題：**滿足的願望

理想的特質：五官；肉體的欲望；感官的、性欲

人生有很多條路，但無論你走在哪條路上，那都是欲望之路。欲望激勵我們去追求我們想要的。即使你是苦行者，以放棄所有世俗的欲望為目標，這個目標——好比說藉著放棄一切，以獲得內心的完全平靜，也是你想要的。就像蹣跚學步的孩子伸手去拿糖果一樣，你也在追隨欲望。再沒有比欲望更強烈或更持久的動機了。

欲望在脈輪系統中也占據了重要的地位。滿足欲望是位於下背部或薦骨的第二脈輪的目的。在此，喜樂意識轉化為五種感官，連同感官和性的歡愉。瑜伽的基本教義說，欲望植根於感官，這點人盡皆知。我們整天都在看、聽、摸、嘗和聞。吸

引感官的事物會讓我們更接近一個人、一個物體或一個愛好。不吸引感官的事物往往是使人往相反方向移動的信號。

自我由欲望中獲得力量。「我想要這個」和「我不想要那個」讓人生一直在自我的層面上忙碌。然而如果你把自己由自我的私心中解放出來，欲望就會改變它的目的，它不再鼓吹分離、孤立的自我，而是關於喜樂。你的欲望軌跡看起來應該如這樣：

喜樂的衝動↓喜樂的行動↓喜樂的結果

當一個過程的開始和結束結合在一起時，你就有了瑜伽，也就是統一。這裡沒有外來或神祕的東西。作母親的想要抱她的新生寶寶，她把寶寶抱起來，在她的懷裡來回搖動。這種體驗始於一種喜樂的衝動，繼續為喜樂的行動，並導致喜樂的結果。

如今幾乎每個人生活中的欲望路徑都是由自我所主宰，自我有無窮無盡的想要、需要、衝動和渴望。這種體驗不是以喜樂為開始，而是始於匱乏：「我沒有我想要的東西。」但反過來，如果欲望是基於喜樂覺知時，你就會受到想要擴展喜樂的動機所鼓舞。這就是為什麼「追隨你的喜樂」不是「追隨你的下一個渴望」。

喜樂的欲望

你在人生中支持擁護的事物會成長，而你忽視的事物則會在藤蔓上枯萎。不論支持任何衝動，都可以由你自行選擇，這意味著你可以支持你喜樂的欲望。你不必強迫或控制這個過程，只需要轉移注意力即可。每當你在做下面所列的事時，就在表達喜樂的衝動：

表現你的愛和感情。

對他人表示讚賞。

撫慰另一個人的痛苦和煎熬。

藉由慷慨的施予，無私地行動。

追尋知識。

做對的事。

說出你的道理。

養育孩子。

提供希望和鼓勵。

激勵自己和周遭的人。

藉著支持這些欲望，你就能讓自己配合創造性智慧的流動。說得淺顯一點，我們談「無私」的行為，但自我是不可能消除的，而且你也不想這樣做。自我是你個人成長的途徑。喜樂的欲望應該稱為「無我」，因為你正在遠離自我的私心。如果你一直都在追隨自我的欲望，其他人就都不重要。你會忽略需要幫助的人；不想保護弱者、不願幫助受苦的人，也不肯在危險時安慰他人。

幸好欲望還有另一個層面，包括其他的人、寬容和同情。支持這些衝動，你就會擺脫自我的不安全感和需要。喜樂的體驗無從取代，讓它引導你的個人成長。

需要與想要

當然，並不是所有的欲望、希望和夢想都能實現。很多時候，你似乎無法控制失望。你想要某一份工作，但沒有得到它；你參加了一場比賽，但沒有獲得第一；你渴望理想的伴侶，但他或她沒有出現。我們沒有得到我們想要目標的次數會一直在我們心裡，強烈地影響我們面對整個欲望問題的方式。

在瑜伽傳統中，如果你的欲望得到達摩的支持，你要的事物就不會遭到剝奪。想得到你想要的事物錯在哪裡？你想要的，可能與你需要的不一致，達摩支持的是你所需要的一切，而不是你腦海中閃現的每一個欲望。此外，僅僅想要某件事物的行為大半時候都是表面上的，只是在持續不斷的心理活動中一閃而過的欲望。

這樣的解釋並不是要為了你沒有實現的欲望狡辯。如果你想要某件事物，卻沒有得到它，沒有人有權利說：因為你用錯了方法，因此失敗是你的錯——甚至連瑜伽大師或權威也不能這樣說。當你處於單純的覺知時，浮現在腦海中無意義的欲望就會減少。因為你能配合創造性智慧，所以你更可能產生解決實際需求的意念。這些欲望最有可能實現。

此時可能會出現警示訊號。我們幼時養成了重複說「我想要」的習慣，這會讓我們的父母皺眉答說：「那不是你真正需要的東西。」如此一來，需要就變成了與欲望鬥爭的詞。然而，只有最基本的必需品並不是美好生活的做法（儘管嚴格來說，除了幾件合身的衣服、基本的營養飲食和一個棲身之所之外，沒有人需要其他物品）。

我們必須重新為需要下定義，以克服這種負面的含義。基本的必需品讓我們想到的只有缺乏，而非豐盛。此外，孩子對愛的需求才是真正必要的事物，而且這種需求在成年後也不會消失，但大多數人只會由物質的角度來思考。在我們的社會中，情感和心理的需求是最容易遭到忽視和濫用的。在瑜伽中，需求可以定義為：任何可以幫助你體驗喜樂，並促進內在成長或演化發展的事物。

作為欲望脈輪的第二脈輪能帶來豐富的滿足感，而不僅僅是最基本的必需品。豐盛傾瀉而出，就像《新約》中滿盈的天祐。然而得到你所想要的每一件小東西，是一種幼稚的幻想。欲望的實現是基於佛教八正道所說的「正念」。如果分析這個詞，正念就是活在當下。「正」這個字的意思是你必須保持對達摩的覺知——帶來你所需事物的創造性智慧流。

在理想的情況下，不需要做其他的事物，但只有在你的旅程達到開悟時，當單純的覺知是你的恆常狀態時，這才能成真。同時，你也可以把欲望與需要分開，來改善結果。很自然地，這兩者經常重疊。當你認為「我真的需要一個假期」時，你也是在表達一種需求。但如果你在勸誘某人幫你做你要的事，因此說「我真的需要你為我做這件事」，那很可能是你想要的，而不是你真正需要的。當然，我們在許多方面都需要朋友，但如果操縱他們，就踰越了分際。創造性智慧比心智思維更能解決這方面的情況。

你必須親自體驗，它才能成為你的真理。以下測驗將幫助你了解：你在第二脈輪所支持的需求方面，處於什麼樣的情況。

小測驗

你對需求的滿足達到什麼樣的程度？

每個人都受到創造性智慧的支持，唯一的區別是實際上支持的多寡，這是關鍵的問題。喜樂意識以百分之百地支持你為目標，當你學會越來越常處於單純的覺知中時，你的支持就會穩定增加。

我們值得查看一下你目前所居的位置。對於下面列出的每個項目，你會被問到兩件事：

- **這個需求對你有多重要？**

由1至10評分，1＝一點都不重要，10＝最重要。

- **你滿足這一需求的情況如何？**

回答：不好、普通或很好。

把這個測驗視為自我評估，而不是測試。沒有適合每一個人的正確答案，因為我們會非常個人化地評估自己的需求。

第一部分：生活的需要

本節介紹每個人生活中出現的七個最重要的需求。

1. 我需要安全感。

由1到10，這種需求對你來說有多重要？＿＿

你滿足這個需求的程度？

差□　普通□　好□　很好□

2. 我需要有一些讓我引以為傲的成功和成就。

由1到10，這種需求對你來說有多重要？＿＿

你滿足這個需求的程度如何？

差□　普通□　好□　很好□

3. 我需要有家庭或其他緊密的支持系統。

由1到10，這種需求對你來說有多重要？＿＿

你滿足這個需求的程度如何？

差□　普通□　好□　很好□

4. 我需要被接受和理解。

由1到10，這種需求對你來說有多重要？＿＿

你滿足這個需求的程度如何？

差□ 普通□ 好□ 很好□

5. 我需要一個創造性的出口。

由1到10，這種需求對你來說有多重要？＿＿

你滿足這個需求的程度如何？

差□ 普通□ 好□ 很好□

6. 我需要相信比自己更美好的事物——更崇高的價值體系、信仰或精神傳統。

由1到10，這種需求對你來說有多重要？＿＿

你滿足這個需求的程度如何？

差□ 普通□ 好□ 很好□

7. 我需要踏上通往更高意識和個人成長的旅程。

由1到10，這種需求對你來說有多重要？＿＿

你滿足這個需求的程度如何？

差□ 普通□ 好□ 很好□

第二部分：伴侶關係的需求

這些需求是使人滿足的關係的一部分。（即使你現在沒有伴侶，也可以根據你的經驗來回答。）

8. 我需要感受伴侶對我的需要。

由1到10，這種需求對你來說有多重要？＿＿

你滿足這個需求的程度如何？

差□ 普通□ 好□ 很好□

9. 我需要和伴侶在一起時有安全感。

由1到10，這種需求對你來說有多重要？＿＿

你滿足這個需求的程度如何？

差□ 普通□ 好□ 很好□

10\. 我需要信任我的伴侶，並得到對方的信任作為回報。

由1到10，這種需求對你來說有多重要？＿＿

你滿足這個需求的程度如何？

差□ 普通□ 好□ 很好□

11\. 我需要溫暖和關愛。

由1到10，這種需求對你來說有多重要？＿＿

你滿足這個需求的程度如何？

差□ 普通□ 好□ 很好□

12\. 我需要有充實的性生活。

由1到10，這種需求對你來說有多重要？＿＿

你滿足這個需求的程度如何？

差□ 普通□ 好□ 很好□

13\. 我需要尊重我的伴侶並得到尊重。

由1到10，這種需求對你來說有多重要？＿＿

你滿足這個需求的程度如何？

差□ 普通□ 好□ 很好□

14. 我需要親密的身體接觸。

由1到10，這種需求對你來說有多重要？＿＿

你滿足這個需求的程度如何？

差□ 普通□ 好□ 很好□

15. 我需要在我提出要求時，能夠有自己的空間。

由1到10，這種需求對你來說有多重要？＿＿

你滿足這個需求的程度如何？

差□ 普通□ 好□ 很好□

16. 我需要有走自己的路的自由。

由1到10，這種需求對你來說有多重要？＿＿

你滿足這個需求的程度如何？

差□ 普通□ 好□ 很好□

17. 我需要能感受到我和伴侶的愛的孩子。
由1到10，這種需求對你來說有多重要？＿＿
你滿足這個需求的程度如何？
差□ 普通□ 好□ 很好□

18. 我需要我的伴侶才能成功。
由1到10，這種需求對你來說有多重要？＿＿
你滿足這個需求的程度如何？
差□ 普通□ 好□ 很好□

19. 我需要我的孩子讓我感到驕傲。
由1到10，這種需求對你來說有多重要？＿＿
你滿足這個需求的程度如何？
差□ 普通□ 好□ 很好□

20. 我需要感覺到我是伴侶生命中最重要的人。
由1到10，這種需求對你來說有多重要？＿＿

你滿足這個需求的程度如何？

差□ 普通□ 好□ 很好□

評估結果

如果你的回答大多是非常肯定的（很好），那麼你的需求獲得了很強力的支持。你配合創造性智慧的流動，即使你還沒有由這些方面來思考。你的日常生活有明確的意念，並不自我懷疑，你也有知道自己真正重視什麼的能力。

這與每一項的需求得分高（7至10）有所不同。如果你的得分大半是7至10，代表你很了解自己，因此能夠對於對你無關緊要的事情給予低分。但你還有反省的空間。查看你認為不重要的需求，並問問自己生活中是否有你應該更仔細地查看的方面，例如尋找創造性的前景或需要溫暖和關愛。

如果你給出的答案大多是（普通），那麼你的需求在有一些方面得到了滿足。或許你放棄了一些需求，但總體的問題在於你的期望很低。對於你而言，關鍵在於感受至你應該得到更多和更好的結果。有這個意念之後，你就可以採取步驟，即使是很小的步驟，也能從人生中獲得更多收穫。從沒有威脅性的事情開始，例如尋找創造力的發洩途徑。如果你對伴侶關係需求的評分只是普通而已，請與你的伴侶坐下來談談你的測驗結果。讓你的伴侶參加這個測驗也有幫助，這可讓你們有共同的基礎來查看你們的關係狀況。

如果你在測驗中的答案以不好（差）居多，那麼你的需求就沒有得到應有的滿足。這可能有很多原因，包括自我懷疑、不滿意的關係，或難以滿足的基本需求。對你來說，最好的做法是與你信任和欣賞的人坐下來一起討論你的答案。你需要感受在人生中有更多的支持。這可能是一條艱難的道路，但在創造性智慧的層面上，你可以獲得可以信賴的內在支持。目前這可能感覺不大真實，你只要在你已經做得不錯的方面提出一、兩個需求，並設定它們會進一步改進的意念。最重要的是，你需要在更深層次的覺知中面對自己，在那裡找到答案和解決方案。

現在你很可能正處於憂慮、困惑和懷疑的境地。單純覺知的狀態可以讓你擺脫這個層次，找到內心的平靜與安寧。

歡愉還是喜樂？

如前所述，第二脈輪是五種感官的所在地。毫無疑問，五種感官為我們帶來愉悅。誰不想看美好的事物，聽美妙的音樂，品嘗美食？但在五官的另一面是指手畫腳的衛道人士，他們訓誡我們過度放縱之害。如果再加上宗教，感官的生活常常就被指為罪惡（例如七大原罪始於色欲和暴食，這些都是感官上的罪惡）。

老派的道德主義認為跳舞等無辜的活動是對上帝的冒犯，不過現代人已經背棄了這樣的想法。取而代之的感官逸樂則遭逢了不同的問題，即過度的問題。要探討這點的方法之一，是探究渴望和上癮，這是感官與喜樂毫無關聯的極端情況，而是強迫感官歡愉去做它做不到的事情，即結束痛苦和折磨。如果你用大吃大喝來消除自己的負面情緒，你就是在要求食物的美味為你帶來情緒的安慰。如果你用酒精或藥物逃避壓力和痛苦，你就是在要求用化學物質來代替治療。渴望和上癮有兩個共同點：第一個是重複。吃一塊巧克力或喝一杯葡萄酒會導致第二塊，然後是第三塊，依此類推。

重複是食物、酒精、藥物或其他上癮習慣被用作精神支柱的標誌。你的心智已經陷入反覆的快感中，以緩和、麻痺或逃避潛在的問題——通常是焦慮。但這種策略最後只是徒勞，因為它的效益會遞減，這是渴望和上癮的第二個共同點。一開始的歡愉感開始變得不那麼有效，最後痴迷占了上風。這種習慣會越來越嚴重，而不會帶來任何快樂，直到我們發現暴飲暴食、酗酒或嗑藥的唯一用途就是減輕疼痛。

人們過度渴望性、毒品、食物和酒精，因為他們無法獲得喜樂，這是脈輪系統中隱藏的訊息，其中包含了幾個真相，讓我們一一探究。

關於欲望的更深層真相

- 你真正想要的並不是某件事物——而是滿足感。
- 最終的滿足是喜樂、歡欣和狂喜。
- 你已經在根源上得到了喜樂。
- 在追求任何欲望時，你實際上是在試圖重新掌握你內心已有的東西。
- 擴大你的覺知，願望的實現自然會隨之而來。

獲得喜樂就是一切。欲望的實現一開始就存在，並且在讓欲望成真的所有步驟都繼續存在。我們可以說，這是最終的雙贏。《博伽梵歌》說：「行動，而不要顧慮行動的後果。」幾個世紀以來，這個格言一直教人想不通，它似乎是在說，我們應該放手做我們的日常活動，追隨我們的欲望，而不在乎這些活動的成敗。這違背了西方文化的特色，即人們「參與是為了贏得勝利」。如果輸贏都一樣，誰還會去打棒球？如果要求加薪卻遭拒，誰會滿足？

但這是誤解。撰寫《梵歌》的先知正在向體驗到單純覺知是每一個願望和行動起點的讀者講話：如果你已經體驗到喜樂，那麼你就會發現自己不再需要更多的事物。你進行你的日常活動，並追求你的欲望，不是為了個人利益，而是因為創造性智慧知道它們是需要的。想一想兩個剛生了寶寶的母親，一位母親感受到單純的覺知，而另一位母親則為她寶寶的情況而煩惱，這兩位母親都一樣會照顧她們的寶寶。這是必要的行動，保持單純的覺知並不會改變這個事實，然而兩位母親的經歷卻截然不同。想想喜樂的母親經歷的會比憂心忡忡的母親美好多少。把意識放在首位可以在所有的情況下讓最佳路徑展開。

然而，世界各地的社會做出了不同的選擇。只要目標是歡愉，報償頂多是短期的。每個人都需要了解創造性智慧已經在他們的生活中發揮了作用。問題只是把你的欲望與一直都存在的創造性智慧結合在一起。

達摩與關係

你以大大小小各種方式與周遭的每個人分享你的人生。你的滿足與家人、朋友和同事的滿足交織在一起。一言以蔽之，人生就是關係。那麼，你該如何以達摩支持的方式培養你的人際關係？儘管我們愛我們最親近的人，但衝突還是會發生。A想要一件事，B想要另一件。如果你把衝突降到自我層面，很少會有教人滿意的結論，經歷衝突的人會感到沮喪。這就是一段關係怎麼會陷入無益的爭論，讓任何人都得不到滿足的緣故。然而在創造性智慧的層面，總有一條通向共同滿足的道路。最理想的情況就是每一個人都根據這些知識採取行動，只是我們離這個理想還很遙遠。

因為你了解創造性智慧的運作方式，所以你也知道不妨礙他人的價值。讓單純的意識作為你的基地。創造性智慧會自然產生你的自我無法滿足的結果，因為它總是由解決方法的層面，而非問題的層面運作的。

在日常的情況，不妨礙他人始於放棄自我的幻想。你的自我懷有幼稚和自私的夢想，總想以任何必要的手段得到它想要的東西。即使你阻止自己做出極端自私的行為，依舊通常會在不自知的情況下，受到這些無用幻想的影響。如果你審視一段不順利的關係——不論是與家人、朋友或親密的關係，幾乎可以肯定你或對方正在把自我編造的幻想付諸行動，並且頑固地堅持不懈。

破壞關係的五個幻想

我們最深切的渴望——被愛、被接受和理解，讓我們捲入人際關係。在你生活中運作良好的人際關係，讓一個或多個這種深切的願望得到滿足。你有知交好友，讓你可以盡情傾吐而不受批判；你有願意原諒你的配偶或伴侶。在脈輪計畫中，我們會說：創造性智慧的流動是開放的。

現在環顧一下你生活中帶來挫敗感的人際關係。在這裡，愛、理解和接受的流動並不容易。相反地，自我沉迷於行不通的策略，導致更深的挫敗感和分歧。為什麼我們要固執地堅持那些顯然行不通、會給彼此帶來痛苦的行為？答案是我們選擇了幻想，而非現實。讓我們詳細說明，讓你更容易看清鏡子裡的自己。

幻想#1：「你得聽我說。但我拒絕聽你說。」

當對立的雙方不再互相傾聽時，關係就陷入了僵局。溝通已停止，取而代之的是僵硬的儀式。這些儀式包括一遍又一遍地重複同一個論點，大喊大叫希冀被人聽到，並以粗魯的蔑視或沉默將對方拒之門外。

幻想#2：「如果你改變，一切就會好轉。至於我，當然不需要改變。」

這是指責的經典偽裝。當你要求對方改變時，就是在用他們來評斷自己，只是沒有把它說出來而已。助長這種幻想的是一種錯覺，以為只要你責備其他人的程度足夠，他們就會改變。此外在幻想中，還有一種自以為是的自信，你不需要改變，因為對方無權責怪你。

幻想#3：「你在這裡是為了讓我快樂。除非你這樣做，否則我無法認同你。」

這種幻想是童年的遺留物。年幼的孩子不開心時會噘嘴大哭，只要他們不快樂，就不會認同。他們太沉浸在自己的感情裡。如果這種情況持續到成年，同樣的態度就會變成自戀。其他人的存在是為了讓你快樂，除非他們意識到這一點，否則你不會認同他們。通常你只是在利用他們。

幻想#4：「我比你強。這就是為什麼我有權告訴你該怎麼做。」

社會不和諧往往可以歸因於相互的優越感。在電視上收看與你支持對立的政治陣營名嘴，你可能會因他們對你的優越感而震驚（或不那麼震驚），尤其是當你認為只有你這方的陣營有權優越。在人際關係中，訊息通常比較隱蔽，但當雙方都堅持「我是對的」時，就會有一種高高在上的暗示。

幻想#5：「該我贏了。而且只要我贏，你就會一敗塗地。」

這相當於一場情感上的零和遊戲。美式足球冠軍賽超級盃就是一場零和遊戲，因為只有一方可以獲勝。但人類的事務卻像潮汐，不斷地高低起伏。認為你可以永遠居於上風，並且永遠不會再向下沉的信念純粹是幻想。

如果兩個人、兩個派系，或兩個國家發現自己陷入了憤怒的僵局，幾乎都可發現是這五種幻想在起作用。也許不是所有的人都同時，也許不是每個人都誠實地表達自己的感受，但這沒有關係。每個幻想都基於兩種潛在的傾向。第一個傾向是抱持判斷；第二個則是「我們對他們」的思維。這些傾向都不是與生俱來，而是受到教導。這意味著你可以拋棄它們。這開闢了改變之路。

創造性的改變

一旦你反思，並了解你的自我幻想對你如何不利，就可以採取步驟，改變你的想法和行為。拋下歸咎他人的指責，對方不必為了讓你開心而改變——改善關係的責任落在有動機要創造改變的人身上。當你的動機由自我轉變為讓創造性智慧為你和他人帶來最好的結果時，責任就會變成歡喜。讓我們再進一步細看不妨礙他人的主題。

無論在你們的關係中出現什麼樣的分歧，對方都在創造爭論、抵制和障礙，歸結起來就是否定。你想得到的是肯定，這也是創造性智慧的目標。下面就是做到的方法。

把「否」變為「是」

- 放棄掌控、要求或說服他人。
- 以理性冷靜的狀態坐下來。對方也需要冷靜和接受，所以如果無法達到這種情況，請推遲一切，直到雙方都處於接受的心態。
- 表現出尊重他人的立場。

• 多聽少說。
• 做好妥協的準備。
• 放棄「我們對抗他們」的思維。
• 尋找雙贏選項。
• 不要表現出憤怒和不耐煩。
• 在你的內心找到一個不作評斷的地方。
• 在雙方都滿意之前不要放棄。

整體的主題是：在別人妨礙你想要的事物時，擔負起你自己行為的責任——這比試圖改變對方容易得多。你讓自己處於讓創造性智慧帶來解決方案的位置，沒有其他的人必須加入這個選擇。

達成共識的原則在外交界廣為人知，但在日常生活中卻遭到輕視。我們全都仰賴於幾乎不會奏效的策略，或者當它們似乎奏效時，會在對方身上留下怨恨的殘跡。在實際作業時，請檢視你是否有以下的做法——它們多少會阻止你獲得你想要的目標。

被「否」卡住

- 堅持責備和抱怨
- 駁斥對方的觀點
- 在你生氣不快時參與討論
- 讓對方成為你的敵人
- 談論分歧而不是一致之處
- 想要藉著讓對方輸而致勝
- 列出你的要求並拒絕退讓
- 憤怒地離席，什麼都沒有解決

不論是伴侶或整個國家之間的爭論，都會導致這些弄巧成拙的行為，但我們卻在自我的敦促之下，一次又一次地求助於這些行為。在你看到它們的列表時，可以毫不費力地就看出它們多麼無用，因此值得我們花點時間，坐下來思考一下這份清單，以及它如何適用於你最近一次的爭論，或上一回有人阻止你得到你想要的事物。得到你想要的是一種自然的衝動，但使用錯誤的方法會導致沮喪和徒勞。

欲望為任何目標開啟了最自然的道路，因為光是熱切渴望某件事物，就是無比強大的動力。第二脈輪激勵你贏得越來越多的喜樂，它也激勵你逃離沒有喜樂的人生。我的觀點是第一個動機——贏得越來越多的喜樂，效果較好，因為欲望非常自然地尋求更多的歡喜。由挫折和痛苦的地方開始，往往會變成一場看不到盡頭的鬥爭。對喜樂最短暫的一瞥告訴你它存在，然後你可以啟動你的欲望，來品嘗更多的歡欣，更多的喜樂，更多的狂喜。有什麼更好的方法可以讓欲望達到完全滿足的真正目的？

啟動臍輪

這個脈輪加強了感官生活的各個層面，尤其是欲望和達摩之間的聯繫，它支持你演化和內在成長所需的欲望。下面是不僅可用於臍輪，而且也適用於每一個脈輪的概括做法：

- 保持單純的覺知。當你發現自己「不是」時，請花幾分鐘讓自己集中注意力。
- 冥想咒語 Vam（頁一一四）。

- 冥想「我是感性的」或「我擁抱欲望」的中心思想（頁一一七）。

其他步驟則更具體地以啟動你的能量脈輪為目標。從喜樂的狀態開始，每一個欲望都已經準備好要實現。這種安排需要態度的轉變，因為就目前情況而言，欲望源於一種匱乏的感受。

第二脈輪的冥想向你展示了如何將欲望體驗為「我已足夠」的慷慨溢流。欲望意味著豐盛的擴展，而不是對匱乏的反應。

冥想#1

靜靜地坐著，閉上眼睛，深呼吸幾次，直到你感覺自己注意力集中。現在想像一個你希望實現的奢侈夢想，比如中了樂透，找到了完美的伴侶，乘坐豪華遊輪的頭等艙——讓你的幻想指引你。

現在設想你所幻想情境的所有美妙細節。如果可以，也運用其他感官，例如聽到優美的音樂。感受你的幻想帶來的喜樂，讓喜樂在你心中擴展。不要強求任何事物。即使你只感覺到一絲喜樂也沒關係。幾分鐘後，睜開眼睛，深呼吸一、兩次，然後恢復正常活動。

這個冥想的目的是告訴你，你的覺知是喜樂發生的地方。你不需要外在的誘因才能滿足。只要藉由欲望，就很容易得到喜樂。運用幻想作為微妙的觸發因素。

冥想 #2

這是第一個冥想的進階版本。靜靜地坐著，閉上眼睛，深呼吸幾次，直到你感覺自己專心。現在在內心裡微笑。不要用幻想來引發你的微笑，而只是因為你想要而微笑。你可能會發現先在外在微笑，然後跟隨內心的衝動到達你的心臟區會很有幫助。

讓你的微笑持續幾分鐘。如果你分心，請輕鬆地恢復微笑。每當你感覺到內心真正的微笑時，冥想就結束了。你可以隨時睜開眼睛，深呼吸一、兩次，然後回到你的日常生活。

這種冥想能讓你僅憑渴望喜樂，就直接獲得喜樂的感覺。每天練習幾次非常有用。你是在訓練你的心，讓你知道它可以隨心所欲地產生喜樂的感覺。假以時日，這將成為第二天性。如果你已經開始練習讓自己專心，只要你覺得自己失去了單純的覺知時，就在最後加上一個微笑。感覺專心和平靜，對自己微笑，讓幸福的感覺充滿你的覺知。

冥想#3

當你躺在床上即將入睡時，回顧你的一天，回想每一件重要事件。當你回想到一個好的結果時，讓滿足感留在心裡。這個事件未必是重大的成功或成就，它可以是一句好話，一首你喜歡的歌，或者看著你的孩子玩耍。

無論你腦海中浮現什麼影像，讓它周圍的喜樂之感沉入其中。這有助於訓練你的思想暫停，並欣賞它接觸喜樂的途徑。

如果你回憶起一件不愉快或不成功的事情，只要因此產生的負面情緒不會讓你太過煩惱，就讓它留在你心裡。如果你發現自己再度感到心煩意亂，就睜開眼睛，深呼吸幾次。但如果這件事只是煩惱、憂慮或悲傷的次要來源，就讓這種感覺平息，直到它消失。你甚至可以對記憶說：「你已經盡責了，現在我不需要你了。」另一個有幫助的方法，是用你的嘴穩定地呼出這種感覺。無論如何，你是在要求負面情緒離開。

一旦負面情緒離開之後，靜躺片刻，然後像先前冥想時那樣在內心微笑，重新感到快樂。這是一種比其他冥想更進階的冥想，因為你要求把負面情緒轉化為正面情緒。然而能掌握它非常值得，因為一旦你能夠轉化負面情緒，它就不會留在你的記憶中。此外，無論那天發生過什麼事，你都會更加有信心，知道自己處於內在豐盛的狀態。

第一脈輪——扎根大地

第一脈輪

位置：脊椎骨底部　**主題：**與地球的聯繫

理想的特質：扎根大地；安全、可靠、受保護；整體

第一脈輪以令人驚訝的轉折結束喜樂的覺知之旅。喜樂覺知不再局限於你的身心，它現在進入實體世界，伸出手去擁抱你周圍的一切。無論你身在何處，都會感到賓至如歸，因為你在自己的家裡。如今你無須擔心世界本身存在風險、不安全或潛在的危機。

這是我們大多數人都會樂於接納的覺知，因為新聞報導二十四小時不斷地反覆強調世界實際上非常危險的訊息。然而我們可以大幅改變視角，創造性的智慧可以為你辦到。

第一脈輪位於脊柱底部，通常被稱為海底輪或根輪，因為所有更高的脈輪都扎根於此。必須先有穩固的基礎，你的生命才能翱翔。傳統上，第一脈輪代表扎根於地球，實體世界，但扎根還有其他幾個含義。當我們說某人腳踏實地時，我們是在描述一個穩定的個性，實事求是，可靠，不耽溺於幻想。

瑜伽教導說，當身心同步時，你就會腳踏實地。腳踏實地的基本跡象包括：

- 你對自己的身體感到自在。
- 你感到自己的人身安全。
- 你不容易受外界影響所左右。
- 你活在當下。
- 你有穩定的生理節律（包括規律的食欲和良好的睡眠）。
- 你感覺自己情緒穩定。

這些並不是你要按表實行的特質，而是第一脈輪平衡的自然結果。想像喜樂覺知由頂輪流下來，順著脊椎向下移動，然後沿著雙腿向下流到地面。當整個路徑沒有障礙時，你就處於完美的動態平衡狀態。

扎根可以稱為人生遊戲中的一壘，但在本書中，我把它保留在最後。脈輪系統向你展現如何由上而下地過你的人生，因為頂輪是你的根源。就目前情況而言，大多數人都是由下而上地面對人生，把物質需求放在第一位。物質世界雖然會供給，但也會取走。稀有資源、惡劣天氣、經濟困難時期以及生存的鬥爭是持續發生在地球某處的威脅。為威脅做準備會因惟恐失去所擁有的事物，而產生焦慮和恐懼。

但這種做法大錯特錯。瑜伽的教導則不然，它把所有的需求，包括生存的需求，都放在意識裡，而不是物質世界中。你可能會提出異議，認為食物和住所等基本需求不能這樣做。然而仔細想想，你其實是用你的心智為自己提供食物、水和住所，你並不在所謂的自然狀態。所有的動物和鳥類都會照顧牠們的幼兒，直到牠們發育到足以照顧自己為止，牠們這樣做是出於自然。只有智人把幼兒的養育期延長到青春期，甚至更久，因為我們的發展是在意識中發生。脈輪系統認識到這一點，並擴展意識，讓它發揮全部的潛力。

現代生活基本上已經失去了與地球的這種聯繫。恢復這種聯繫可能會帶來一些戲劇性的體驗。我的朋友馬修向我提供了證據，他向我講述改變他人生的一個重要經歷。

我出身困苦，父親酗酒，母親雖慈愛但被動。回想起來，用今天的術語來說，應該把她稱為「縱容者」。

我開始冥想，因為我知道我內心積蓄了很多憤怒，而且我可以看到周遭的人都比我快樂。就是這麼簡單，沒有偉大的精神野心或任何目的。不知何故，我突然頓悟了。我的內心變得比較平靜，也不再那麼憤怒。一旦我的心智安靜下來，它的吸引力就增加，我經歷了我認為的喜樂。

有一天，我打坐冥想，不到三十秒，一種新的、溫和的喜樂感變得非常強烈。這是新的感受，我想道。一股愛湧上心頭，我明確地感到那是母愛。它來自我的內心，而不是來自對我母親的回憶。身為男人，我從來沒有想過我能感受到母性，但它就在那裡——溫暖而女性化。這個體驗持續了不到五分鐘，但我真的覺得它改變了我。我確信神聖的母親是真實的，因為我體驗過她的觸摸。

每一種精神傳統都會描述某種形式的神聖母親，但在現代世俗世界中幾乎沒有人承認神聖母親的存在。七個脈輪代表我們的內心，我們必須探索這些地方，才能知道我們究竟是誰。第一脈輪告訴你，你是地球的孩子，這種認識是喜樂的——或者它應該是如此。現代生活最具破壞力的一面，就是我們利用地球，而不關心它。被稱為大地之母的生物體已經失去了母性。這與千百年來以自然為中心，作為豐盛來源的靈性傳統截然不同。因此，與地球重新連結的意義比任何人預期的都要多得多。

測驗

你扎根有多穩固？

在你與地球連結時，你自己的物質本性就是喜樂的泉源。然而大多數人的經歷恰恰相反，他們用自己的身體作判斷，害怕天災，並認為微生物——地球上的基本生命形式，全都是導致疾病的「病菌」。也有些人根本無法自在地適應他們的身體。請思考下列十個基本問題，以便了解可能的後果：

1. 你是否有良好的身體意象？
是□　否□
2. 你喜歡肢體接觸嗎？
是□　否□
3. 你是否容易入睡，並且整晚都睡得很好？
是□　否□
4. 你對自己的年齡滿意嗎？
是□　否□

5. 你覺得自己對性的態度是否健康？

是☐　否☐

6. 你喜歡親近大自然嗎？

是☐　否☐

7. 你可以隨時隨地輕易地集中注意力嗎？

是☐　否☐

8. 你的注意力持續時間長嗎？

是☐　否☐

9. 你對自己日後的身體健康是否毫不憂慮？

是☐　否☐

10. 你喜歡運動嗎？

是☐　否☐

如果你回答「否」超過四次，你可能並沒有真正以平衡的方式扎根。我並非責備，也不是想警告你。在西方世界，現代生活越來越靜態，越來越講求心理。對數以百萬計的上班族來說，身體活動的機會有限，而讓我們一直坐在沙發上或上網的分心事件越來越多。

你可以透過很多大大小小的生活方式選擇，加強第一脈輪，讓你重新連結。有些做法聽起來很熟悉，有些對你來說則可能是新的方法。

- 確保你有良好的睡眠，即連續不受干擾地睡八至九個小時。
- 保持專注於單純的覺知。一旦發現自己沒有集中注意力，就花幾分鐘讓自己重新集中注意力。
- 養成每天練習簡單呼吸冥想的習慣，包括靜坐，閉上眼睛，輕鬆呼吸五至十分鐘。
- 如果你在工作或電腦前長時間坐著，每小時起身一次，伸展一下身體，走動幾分鐘。
- 找到一種讓身體愉快的方式，讓你的身體充滿活力，確保你不會把運動變成工作。
- 如果你開始感到不安、煩躁、分心或擔憂，趁這種感覺還在萌芽狀態就扼殺它。不要拖延，盡快回到平靜、專注的覺知狀態。
- 避免打斷非自主神經系統的情況，包括一心多用、頻繁的電話打擾、噪音、太多人要求你注意，以及緊張的氣氛。仔細查看你在家裡和工作當場的情況，看看這些情況有多少可以得到改善。

• 到大自然中放鬆地散步，欣賞它的美麗和寧靜。

「正確的現實」

實體的扎根是基本的條件，但第一脈輪還有更多的作用。它名副其實地把靈性帶到地球上。換句話說，更高的意識注入了實體的現實。

這裡的關鍵可以稱為「正確的現實」。真正的考驗是你的想法、感情、感官、欲望和意念是否可以改變實體的現實。在現代世界，幾乎每個人（除了虔誠的宗教信徒，他們把終極的力量歸於上帝）都認為相反的觀點才是正確的。實體世界是「正確的現實」，因為從童年開始，我們當中幾乎沒有人聽說過關於意識的論述。

然而，精神高於物質的理由其實非常充分。每當你產生一個念頭時，就可茲證明。要思考像「海灘上長滿了棕櫚樹」這樣的句子，這些文字必須引起大腦活動，而這種活動會產生稱為神經傳導物質的特定分子，在你的念頭發生之前，它們不會以你需要的精確模式存在。假設你想像海灘上的那些棕櫚樹，看到它們在熱帶的微風中搖曳，或者聽到海浪拍打在沙灘上的聲音。在那種情況下，每個過程都是由心智指導，大腦產生適合這項任務的特定分子來服從指令。

精神高於物質的現象可以達到非凡的程度。二〇一九年，一位藏傳佛教僧人在台灣圓寂後，意識繼續控制著他的身體，這一現象震驚了全世界。《印度時報》的新聞報導值得在此全文引用。

據報導，一位在台灣的藏傳佛教學者於七月十四日被宣布臨床死亡後，進入了罕見的「入定」深層冥想狀態。藏人行政中央（CTA）表示，入定是一種佛教徒現象，出現這種現象時，儘管證悟上師的肉體死亡，但意識仍留在體內。

儘管他們在臨床上被宣布死亡，但遺體卻沒有腐爛的跡象，而且可以在沒有防腐的情況下保持新鮮數天或數週。幾年前，在西藏精神領袖達賴喇嘛的提議下，開始對這一現象進行科學調查。CTA駐台辦事處發表貼文說，藏傳佛教學者强巴加措格西七月十四日臨床死亡後，遺體被送回他的住所，當時台灣正值盛夏，但對遺體的觀察卻一無所獲。西藏辦事處的工作人員在第五天重新檢查了遺體，以確定腐爛和分解的跡象。同樣地，醫學專家也進行了檢查，他們對這種現象感到十分吃驚。

羅馬天主教記錄了聖人死後身體不腐爛的情況。不過還是要由東方傳統創造冥想，讓人的意識能夠獲得這種力量，這不是靠上帝的恩典，而是透過定期的練習。在台灣這個案例的情況下，達賴喇嘛立即下令請中立的科學觀察員來證實這個現象，而他們確實也這麼做了。新聞報導繼續說：

> 七月二十四日，台灣中央研究院的物理學家（李遠哲〔譯按：應為李定國〕）及其助手抵達，對僧人進行了首次法醫檢查。CTA說，它顯示屍體的血壓為八十六，非常接近活人。此外，皮膚的柔軟度，內臟器官明顯未分解的狀態，經仔細檢查，發現臉部有光澤和溫暖。

醫師的檢查顯示有明顯的大腦活動，持懷疑論者可能會用這個發現來爭辯說，僧侶實際上並未死亡。但是在心臟停止後三分鐘內腦部就開始死亡，而在此例中，心臟已經幾天沒有活動了。

在瑜伽的傳統中，此事不會被當作奇蹟，而是悉地（siddhis）的一例，即意識的力量延伸到大多數人稱之為超自然的領域。雖然拍攝了照片來記錄台灣悉地的例子已證明是真實的，但我們缺乏類似的證據來證明諸如分身術，即同時出現在兩個地方（通常是天主教的聖徒，也有人聲稱把花香送到遠處）；比正常人的壽命多活幾十年甚至數世紀（中國有這種長生不老的悠久傳統）；或懸浮（在印度和天主教傳統中有數百次的軼事紀錄）。

悉地提供了意識高於物質的證據，從人體開始。意識領域不是在「裡面這裡」或在「外面那裡」，而是兩者，即使這樣還不夠。意識沒有位置。它是無量綱（dimensionless）的，因為你不能用英尺和英寸、盎司和磅、小時和分鐘、這裡和那裡來衡量它。我知道這種既處處不在又處處都在的想法很難理解。目前在物理學家中越來越受歡迎的一種方法是把整個宇宙視為有意識的。這與宇宙完全是物理和隨機的嚴格假設相去甚遠。

但是在涉及意識時，物理學已經陷入困境。沒有人能夠證明任何原子和分子的組合可以思考，但很明顯，我們人類可以思考。（我們甚至思索關於思考的事，這似乎是我們物種所獨有的。）既然我們明白了物理過程不能解釋心智怎麼會出現，讓我們更容易得出結論：某種種子意識，或原型意識，由一開始就是創造的一部分，就像重力一樣。

喜樂之身

本書不談宇宙的問題。我提出有意識的宇宙只是為了說明現代科學已經開始贊同瑜伽的看法：意識是基本的。瑜伽更進一步說：意識是真實的現實。了不起的是，這其中只牽涉到一個步驟。大多數人，包括九九％的科學家，對地球上的生命都有一幅由原始單細胞生物如變形蟲和藍綠藻等開始的心理圖像。在多細胞生物出現之前，單細胞生物存在了數十億年，然後又需要十億年，才到達恐龍時代。

然而，還要在未來數億年之後，心智才開始出現。如果你假設只有人類有意識，我們人類在一、兩百萬年前才開始出現。如果縮小它的比例：把地球的年齡看成由午夜開始的一天二十四小時，原始生命在早上六點開始出現，多細胞生物在中午左右出現，和我們的原始人祖先在一天結束前的最後二十秒出現。然而如果意識是隨創造一起出現，那麼這種計算就毫無意義。因為任何時期，無論多麼古老，都不會沒有意識。

意識不僅會一直存在，而且會遍及原子和分子。你不必列出原子和分子學會思考的時間和地點。無論在何處，思想都在發生，只是它不是人類在文字和觀念上的思維，而是創造性智慧。創造性智慧的流動成為達爾文主義者所說的演化，最大的區別在於：在身體特徵演化之時，意識也在演化。（我要趕緊補充說，純粹的達爾文主義者堅持身體特徵的演化，至於意識的演化還需要找到一位新的達爾文，把意識納入這方程式。到目前為止只有瑜伽達到了這一步。）

如果你身體裡的每一個原子和分子都是創造性智慧流的一部分，那麼每一個細胞也是如此。當醫學界對免疫系統的智慧活動感到驚訝，開始稱免疫系統為「漂浮的大腦」時，就打開了大門，可以看到細胞中的智慧並不局限於顱骨下的封閉空間。

我們已經介紹了身體如何表現出創造性智慧，但還有一個更大的結論，那就是：如果你的身體表現出創造性智慧，那麼你就活在喜樂之身內。

在極度快樂和滿足的時刻，每個人都會感覺到一種身體反應，例如感到酥麻、輕盈，或者精力充沛。我們高興地歡呼和跳舞，因為身體需要一個出口來釋放它的喜樂洪流。然而瑜伽認為藏傳佛教僧侶的肉身在死亡之後還生存的現象，是喜樂之身更好的例子。正是他體內的喜樂意識，使肉體在死後完好無損，原因很簡單，在生命中，意識原本就會讓每個人的身體完好無損。

在印度的精神傳統中，喜樂之身有一個名字：Anandamaya kosha，其中Ananda 是喜樂，Kosha 是肉身。我們無須贅述，但有趣的是，Kosha 的系統也是由喜樂層下降到理智層、情感層，最後是肉身。這個旅程與七個脈輪的旅程非常相似，起點是純粹的喜樂意識，終點則是肉身。

我冒昧地把討論帶離了日常生活，不過如果你已經讀到這裡，就快要到驚人的「啊哈！」頓悟了。你會發現你的意識和你周圍的一切都是一體的。整個地球是一個喜樂之身。你身體原子和分子中的創造性智慧流與雲、樹、變形蟲、黑猩猩和星星中的創造性智慧流沒有區別。你的心智並不是由無意識物質統治的物質世界所包圍。意識是無形的黏著劑，把各個層面的創造結合在一起。這個「啊哈！」在日常生活中舉足輕重。比如：

• 你的想法和願望與「外面」的世界相連結。
• 透過這種聯繫，你創造了你周圍的事件。
• 如果你有接近喜樂意識根源的意念，你的意念就會成真。
• 在根源上，你的意識與宇宙意識完全一樣。

瑜伽教導說，你和宇宙之間存在一種強大的聯繫，這種聯繫超越了個別的「我」的範圍。藉著加強第一脈輪，你開始存在朝向四面八方延伸的喜樂之身。讓我們再進一步了解這究竟如何運作。

沙克提連結

你與宇宙的聯繫始於日常的經驗，然後延伸到新的領域。你可以透過中樞神經系統傳遞到手臂肌肉的欲望來舉起你的手臂，這個簡單的事實足以證明身心聯繫是真實的。偶爾也會有同步性的體驗，在你腦中浮起某個念頭時，下一刻它就顯現出來。比如你想到一個朋友的名字，一分鐘後她發了簡訊給你；你隨意想到某一個字，不久就有人把那個字說了出來。（一位朋友告訴我他念研究所時發生的同步性的例子。他乘公車去上研討課時，想到了「praxis」（實踐）這個詞。儘管他高中時上拉丁文課，知道這是實踐的意思，但他從來沒有用過這個詞。他來到教室，教授走了進來，在研討課開始前，教授就先在黑板上寫下 praxis，然後轉身面對學生，宣布這是當天研討課的主題。）

同步性的定義是有意義的巧合，但沒有科學可以解釋它為什麼發生。對你一想到他，他就發簡訊給你的那位朋友，你可以說：你們倆之一會通靈。也許我那位搭公車的朋友會認為他也會通靈。真正的問題在於，一個人的心靈怎麼與外界聯繫。在瑜伽中，這個解釋就是一種梵文稱為 Shakti（沙克提）的力量，這個詞具有多種含義：能量、能力、力量、努力、影響力和才智。如果你有足夠的沙克提，你與世界的聯繫就會很牢固；沒有沙克提，你會陷入茫然無助，和掙扎與挫折的生活之間。

沙克提適用於身心兩方面。你需要沙克提才能舉起很重的重物，也需要沙克提才能在腦中計算四十三乘以八十九的結果。但本書中關心的沙克提是聰慧和創造力；它為發生在世界各地的事件提供動力，由大霹靂，到你的下一次呼吸。沙克提是宇宙性的。在印度神話中，沙克提是濕婆（Shiva）的配偶，這個結合形成了造物的雙面——濕婆掌管著一切可能性的無形領域，而同時，沙克提則把可能性帶入物質世界。她的舞蹈是創造之舞。

當沙克提應用在人身時，你的身體會按照當初設計它的方式運作，每個細胞都具有完美的相關性。你會體驗到平衡、健康和幸福。當有事物開始失去平衡或你的健康狀況不佳，缺乏喜樂感時，沙克提就會遭到損害，沒有任何神奇的方法恢復它，你所需要的唯有單純的覺知。集中心神、保持平和安靜，你就能再次為沙克提提供一條開放的管道。這就是為什麼根據瑜伽的說法，冥想對身體有益。冥想對血壓、心跳、免疫反應等的益處是因為冥想讓你進入單純的覺知。（我不是在推薦靈丹妙藥。現代世界中常見的生活方式障礙早在症狀出現前幾年甚至幾十年就開始了。這些因果關係根深柢固，在許多情況下，冥想的效果有限，但這並不會削弱證明冥想對身心的有效性。）

現在，每個念頭都有沙克提，這意味著思想在天地中到處發送能量漣漪。你正在透過你所擁有的沙克提與物質世界交流。有時這是名副其實的——一個無名小卒可能從無到有，成為耶穌、佛陀、拿破崙或愛因斯坦，因為有一種不可阻擋的力量推動他們前進。然而，沙克提並非命運的力量，也不像電網中有更多的電力。沙克提的存在是為了給你帶來你需要擁有的一切——這是喜樂意識始終抱持的相同目標。

就瑜伽而言，你人生中的一切都應該是同步的。如果你想到某人的名字，而那個人正好傳簡訊給你，這應該是對你有益的一小步。如果你找到了一份你想要的工作，如果它適合你的個人發展，你就應該得到它。這就是傳統思維瓦解之處。你可能聽說過這句話：「為上帝沒有回應的祈禱而感謝祂。」有很多我們認為對我們有益的事，結果卻變成了有害，避免它們是幸事。

如果你想要發生的事情正是**應該**發生的事情時，就不會有經驗上的差距。那麼你該如何做到這點？有時候你會覺得一切都順著你的意，沒有什麼能阻止你，世界很美好。你和創造性智慧保持一致。但是在其他時候，你會覺得不舒服，障礙重重。造成差異的不是外力、命運或意外。決定因素是你與沙克提的聯繫和一貫。

我的醫師同僚阿努普．庫瑪（Anoop Kumar）是關於意識的傑出思想家，他和我一起提出三個階段，告訴你你的沙克提連結的強弱程度。為簡單起見，我們把這三階段稱為思維一、二和三。

思維一：你把生命視為獨立的個體。思維一的主要指標是心在身內的感覺。由於受到身體的限制，思維一把實體世界視為獨立的，我們看到世界，正如我們看到自己。如果你把自己定位在你的身體裡，就會看到不是你，而是由不同事物組成的世界。其他人活在他們自己的身體裡，這讓他們有他們自己的分離感。在思維一中，你為自我提供了沃土，「我、我和我的」變得非常重要。這有其道理，因為作為一個獨立的人，你的私心都是關於肉身感受到的歡愉和痛苦的體驗。甚至像焦慮這樣的心理狀態也根植於身體——你所恐懼的事物歸結成「在這裡面」的痛苦感受。在每個方面，思維一都受你體驗到的「是」和「否」所主宰。

思維一在現代世俗世界中似乎完全適切而自然。科學對物理事物的專注就反映出思維一，由微生物到次原子粒子，由大霹靂到多元宇宙。一九七〇年的暢銷書，《我們的身體，我們自己》（*Our Bodies, Ourselves*）就適用於思維一中的我們所有人。你唯一擁有的沙克提就在你的體內，就像你唯一的身分在你的體內一樣。這個沙克提非常強大——它把每個細胞聚集在一起，但它也有其限度。你的覺知狀態不會改變外在的世界。

思維二：思維二以身心的結合為重。你不必把自己局限在血肉之軀內。事實上，這種思維模式是可以扭轉的。取代孤立的是聯繫；取代物質的是過程；取代實物的是連續的流動。你在經驗的流動中放鬆，而非把人生切成必須受評斷、分析、接受或拒絕的小塊。

思維二讓你更清楚地看到自己，因為在現實中，身心聯繫是單一的整體。每一個思維和感覺都會在每個細胞中產生影響。你可以藉由覺知的意念有意識地在整個系統中創造改變。思維二比思維一更細膩——你已經更深入地了解自己的真實身分，你的覺知狀態變得非常重要。你是體驗、觀察和知道的那個人。

大多數人在冥想或做瑜伽時，思維二開始出現，在焦躁不安活躍心靈表面之下，找到通往安靜心智的通道。這一發現帶來了一種方法，讓我們得以超越獨立自我對「完美」歡愉、力量或成功的徒勞追求。隨著對自我和人生更深刻的願景滲透到所有的經驗中，思維二得以建立。同樣重要的是，你開始看到自己反映在世界上，你意識到發生在你身上的大部分事情——不論好壞，都受到你的覺知狀態的影響。以自我覺知為基礎的人生比以情緒、衝動、欲望、偏見和成見為基礎的人生要好得多。你與沙克提的聯繫正在轉變，不再局限於你的身體，但在外在世界還並不強大。

思維三：思維三把覺知擴展到所有思維訓練的界限之外，並徹底改變「我」這個字的含義。擴展的覺知讓你置身於無限的創造性智慧領域，在這裡，萬事萬物都以經由沙克提力量而出現的可能性而存在。這不僅是你人生的清澄視野，它就是清澄本身，因為沒有任何事物或過程會阻礙你的視野。界限不存在，沒有過去或未來。你能擁有最清晰的視野就是此時此地。

在沒有界限約束你的視野時，你就是清醒的，這讓你可以不帶任何濾鏡去看事物。你的過去不再束縛你，因此你是自由的，這就是為什麼幾個世紀以來一直把思維三稱為解放。用詩人威廉·布雷克（William Blake）的話來說，不再有「心靈打造的銬鐐」。你可以信賴沙克提會自然而然地支持你，就如你的細胞一樣。

思維三對所有人開放，但是有一個很大的障礙必須克服，那就是：我們深信我們用來看事物的鏡頭。每一種思維方式感覺起來都真實而完整。你認同思維一中的物質事物，最重要的是你的身體。在思維二中，你認同你的覺知領域，因為它帶來了高低起伏的體驗和感覺。

因為思維三需要一段內在的旅程才能到達，並非絕大多數人所在之處，但是每一次快樂、愛、同情、美、和平和自我覺知的體驗都會把自我放在一邊，讓你在那片刻知道清醒是自然而值得擁有的。你超越了「我」，簡單、自然地瞥見了你的真實身分。你就是覺知的領域本身，無拘無束，自由自在。在自我、社會、家庭、學校和痛苦記憶的濾鏡迷惑你的視野之前，每一種可能的經驗都源自於此。

思維三是當你明白你注定始終都自由時所獲得的自由。清理雜亂，自由就在那裡。思維一和思維二是創造，而思維三是非創造的。沙克提的舞蹈是永恆的，當我們加入其中時，免不了就會覺得我們終於回到了家。「我已足夠」從此就是你的歸宿。

啟動海底輪

這個脈輪加強了扎根的各個層面，包括身心。下面是不僅可用於海底輪，而且也適用於每一個脈輪的概括做法：

- 保持簡單的覺知。當你發現自己「不是」時，請花幾分鐘讓自己集中注意力。
- 冥想咒語 Lam（頁一一四）。
- 冥想「我總是安全而有保障」或「我完全腳踏實地」的中心思想（頁一一七）。

其他步驟更具體地以啟動第一脈輪為目標。我們已經介紹了讓自己集中注意力的做法，這是讓你感到心身合一的基礎。壓力和痛苦會讓你脫離扎根的狀態。練習#1以同樣的方式提供幫助。

練習#1

安靜地坐著，雙腳放在地板上，保持直立姿勢。吸氣，直到你的胸部感到舒適飽滿。當你呼氣時，想像一束白色的光沿著你的脊椎往下移動。

看到光在脊椎下方分裂，沿著每條腿向下，穿過你的腳，進入地球。

重複五至十次。你不需要每次呼吸都重複這樣的做法，只要每一次覺得自己做好了準備即可。雙手互握，放在膝蓋上，並放低肩膀，對扎根效果會更有幫助。你正在將你的個人能量與地球、生命之源和對物質世界的歸屬感聯繫起來。

練習 #2

在陽光明媚的溫暖日子裡找一塊乾淨的草地，最好是在公園的僻靜角落，或你家的後院。仰躺在地上，閉起眼睛，雙腳分開，雙臂放在身體兩側。確定你覺得這個姿勢舒適。

感受身體的重量把你拉近地球。想像你的身體變得非常沉重，讓你感覺自己與地球之間沒有距離。

一旦你有了這種感覺，就自在地深呼吸。每一次吸氣，都吸收由地面升起、充滿你全身的地球能量。你可以感到這是一種溫暖的感覺，或者你可以想像金色的光芒充滿你的身體。

隨著每一次呼氣，放鬆一下，讓金色的光芒和溫暖沉浸你的身體。

重複五至二十分鐘，或任何你覺得自在的時間長度。

結語

我們共同的靈性未來

在扉頁上，展現的是這本書的主題——瑜伽、豐盛和創造性智慧，但在幕後，還有其他的事物在暗中展開。我在新冠疫情尚未席捲全球時開始寫作本書，卻是在封鎖持續的時間長到超乎任何人想像之後，才把書完成。

在艱困的時代，人們很自然地會認為上帝是安慰和希望的泉源——我們對精神支持的需求在危機中急劇上升，儘管歐美人士這幾十年來對宗教體系的依賴程度已降低，但這個情況依舊還是事實。就像冬衣到了春天要收起來一樣，對許多人而言，一旦危機過去，宗教就會被收起來。但對靈性的需求不會像四時一樣變換。這種需要比慰藉和希望更根深柢固，這是對智慧的需要。智慧一詞容易受到懷疑和駁斥，即使自認為是「注重性靈」的人，花在考量自尊和愛等問題的心神依舊可能會更多。

智慧攸關緊要，對於我們為什麼存在，以及我們的目的是什麼，它給了答案。在瑜伽中，智慧提供了意識本身的願景，跨越了所有的時代和背景，觸及現實的核心。到頭來，對現實的探索是結合每個人感覺完整動機的因素。真正停步聆聽真實自我寂靜之聲的人是各時代的幸運兒。

然而，沒有人會被性靈拋棄，無論他們是歡欣還是絕望。詩人泰戈爾

（Rabindranath Tagore）用優美的詩句清楚地說明了這一點。

微塵在光中舞動
那也是我們的舞蹈。
我們並不聆聽內心，就能聽到音樂——
沒關係。
舞蹈持續下去，在陽光的喜悅中
隱藏著神。

這是永恆希望的表達。然而，即使性靈不遺棄任何人，通往成熟和持久靈性的道路，通往智慧本身的道路，如泰戈爾所說，始於你聆聽內心的音樂，或者如瑜伽所說，聆聽自我的磁性吸引力。

我認為，如今尋找智慧比尋找上帝更重要。自從阿道斯．赫胥黎創造了「長青哲學」（the perennial philosophy）一詞以來，西方的求道者就開始意識到，宗派主義過於狹隘，宗教過於正統，無法容納長久以來累積的大量智慧。我們周遭展現的性靈景象是當今長青哲學的更新版本。如果說你能使超驗的觀念現代化，只會讓人莞爾。這其實是一種策略，一代又一代地重複。你必須說服人們更高的意識是真實的，如果做不到這一點，你就會對牛彈琴。

在許多有靈性的人看來，宗教系統毫無疑問正在為反動的社會力量服務，並提供教條版本的上帝。然而忽視存在於我們內心的性靈渴望卻糟糕得多。當前的性靈場景可能無法完美填補真空，但你可以由當今發生的事物，預見性靈的未來：
- 人們可以在有宗教信仰的教義之外自在地表達自己。
- 對先前世代否認或譴責，以及唯物主義者徹底排斥的經驗，他們持開放的態度。
- 他們知道性靈是一條由許多世紀之前就開始奔流的寬闊河流。
- 他們覺得自己被納入了不起的人類探索。
- 他們相信意識的演化是真實且值得追求的。
- 他們相信他們可以找到一個崇高的願景，並開始實踐它。

這些事物代表了智慧是個人的經驗，而不是書中的文字，無論這些內文有多麼神聖。當前的性靈接納了大量的人，他們在自我的面紗落下，不受自我、記憶和過去制約干擾的那些時刻嘗到了超驗的滋味。

我記得童年時代，婦女聚在德里我祖母的家裡，在小風琴的伴奏聲中，親友用卡比爾（Kabir）和米拉拜（Mirabai）等深受喜愛的神祕詩人的文字來讚美神。這些詩句表達了可以想像到最純粹的渴望，就像米拉拜所唱的：

帶我去那個沒人能去的地方
死亡害怕那裡
天鵝降落下來玩耍
在氾濫的愛湖上。
信徒聚集在那裡
永遠忠於他們的主。

幾個世紀後的今天，人們遇到的求道者有很大的差別：瑜伽的學生和實踐者、各色各樣的冥想者、一九五〇年代成長的榮格派、一九六〇年代的自由思想者和花孩子（flower children）、克里希那穆提（J. Krishnamurti）等老師的追隨者，和帕拉宏撒．尤迦南達（Paramahansa Yogananda，著名瑜伽行者）等大師的信徒，甚至神智學論者（Theosophists）。虔誠的宗教信徒會散發他們自己的光芒和信仰，這是個兼容並蓄的大帳篷。

儘管跡象和預兆充滿希望，但這種多樣化的運動有時難以破解。在動盪的世界中，性靈的成功在何處？在正統的政治或社會思想上，似乎沒有太大的進展。但作為草根運動，個人的靈性是強大的。我們在數以百萬計的人堅不可摧的理想主義中清楚地看到這一點，他們不是撩撥智慧的吸引力，就是更深入地投入其中。

永恆的智慧道路永遠是開放的。坦白說，我看不到取代我們性靈渴望的替代方案。因此，無論三十年後的性靈景象如何變化，在此時此刻，個人的追尋和內在的路徑是我們所擁有最可行的運動，它應該根據它自己的方式來考慮，沒有標籤。

在構思這段結語時，我翻開了《戀愛中的靈魂》（*The Soul in Love*），這本詩歌譯本是出於我對魯米、卡比爾和米拉拜的熱情而譯寫。在知識上，瑜伽的力量強大，但詩歌卻對心靈歌唱。智慧不需要外在的表現，因為沒有任何事情在外面發生。當我們來到超越所有世界，恆常不變的地方時，無論這地方是幸福抑或煩憂，都會體驗到靈魂的愛。

未來是心智失去永恆泉源時產生的幻覺。就這方面而言，永恆的聲音顯示了智慧之路。魯米一如既往地以精緻的美來描繪它：

只有偶爾，我突然由夢中坐起，聞到一股奇異的香味。它乘著南風而來，隱隱約約，讓我心生嚮往，如夏日急切的氣息，渴望圓滿。我不知是什麼近在咫尺，也不知它是我的——這完美的甜蜜在我心底綻放。

謝詞

本書有個特別之處：它是在二〇二〇年春季開始的新冠疫情大流行封鎖期間寫成的。那個經驗產生了兩個對我的寫作影響深遠的需求。首先是支持的需要。讓我對本書無論在多麼孤立的環境下所獲得的所有支持致謝。一如既往，我深深感謝我的編輯 Gary Jansen，他與我睿智、宏觀的夥伴關係從不動搖。

我也很感謝 Harmony Books 每一個人的支持，首先是 Diana Baroni——在當今的圖書市場，Diana 以她敏銳的洞察力和精準的決策，帶我走過潛在的陷阱，並指出了新的機會。我還要感謝整個 Harmony 團隊，包括 Tammy Blake、Christina Foxley、Marysarah Quinn、Patricia Shaw、Jessie Bright、Sarah Horgan、Michele Eniclerico、Heather Williamson、Jennifer Wang 和 Anna Bauer。

封鎖期間的第二個需求，是儘管在困難時期遇到挫折，但仍需要維持賦予生命意義和目的的價值觀。我的愛和關懷都歸功於我的妻子 Rita，以及我們的子孫大家庭。感謝你讓這段旅程成為讓我們所有人受益的共同事業。

人生顧問 501

豐盛：打通邁向財富的內在路徑

Abundance: The Inner Path to Wealth

作者	狄帕克．喬布拉（Deepak Chopra, M.D.）
譯者	莊安祺
資深編輯	張擎
責任企畫	林欣梅
封面設計	謝佳穎
內頁設計	LittleWork 編輯設計室
人文線主編	王育涵
總編輯	胡金倫
董事長	趙政岷
出版者	時報文化出版企業股份有限公司 108019 臺北市和平西路三段 240 號 7 樓 發行專線｜ 02-2306-6842 讀者服務專線｜ 0800-231-705 ｜ 02-2304-7103 讀者服務傳真｜ 02-2302-7844 郵撥｜ 1934-4724 時報文化出版公司 信箱｜ 10899 臺北華江橋郵局第 99 信箱
時報悅讀網	www.readingtimes.com.tw
人文科學線臉書	https://www.facebook.com/humanities.science/
法律顧問	理律法律事務所｜陳長文律師、李念祖律師
印刷	家佑印刷有限公司
初版一刷	2024 年 1 月 5 日
定價	新臺幣 450 元

ISBN 978-626-374-636-7 ｜ Printed in Taiwan

時報文化出版公司成立於一九七五年，並於一九九九年股票上櫃公開發行，於二〇〇八年脫離中時集團非屬旺中，以「尊重智慧與創意的文化事業」為信念。

豐盛：打通邁向財富的內在路徑 / 狄帕克．喬布拉 (Deepak Chopra) 著；黃美姝譯．–
初版．-- 臺北市：時報文化出版企業股份有限公司，2024.01
面；14.8×21 公分．--（人生顧問；501）
譯自：Abundance : the inner path to wealth.
ISBN 978-626-374-636-7（平裝）
1. 瑜伽 2. 靈修 ｜ 137.84 ｜ 112019250